AF392172

HISTORIAS QUE TE HARÁN SENTIR

ExLibric

PEPI FLORIDO ÁLVAREZ

HISTORIAS QUE TE HARÁN SENTIR

EXLIBRIC

ANTEQUERA 2019

PEPI FLORIDO ÁLVAREZ

HISTORIAS QUE TE HARÁN SENTIR

Prólogo

Después de arrasar con su primer libro, *"Un reflejo de la vida"*, no se da por satisfecha y vuelve cargada de nuevas emociones, vuelve con un libro lleno de *"Historias que te harán sentir"*, y una vez más, con un título que ya te lo dice todo.

Para que todos os situéis, para que sepáis quien es la autora de este libro, para quien no la conozca… esta mujer es una guerrera de los pies a la cabeza, y ¿sabéis qué es lo mejor? Es mi madre.

Perteneciente al municipio malagueño de Álora, aunque ha vivido interna en un colegio en Carratraca hasta acabar sus estudios, pasando por una barriada del Almogía dónde se casó con mi padre y formó la familia que somos hoy, mis dos hermanos y yo, hasta llegar a Villanueva de la Concepción, lugar de residencia actual.

Mi madre es una persona fuerte, capaz de luchar contra lo que venga, capaz de derribar barreras, capaz de todo, y a la vez tiene esa sensibilidad en sus letras, esa facilidad de incitarte a seguir leyendo lo que venga de ella, tiene palabras dulces y sinceras y lo ha querido plasmar en este libro para que todos podamos disfrutarlo.

Pues bien, este libro está cargado de sensibilidad, cada palabra escrita sale del corazón de una mujer fuerte y luchadora, de un corazón noble y sincero, sentirás como te atrapa en sus letras e incluso con alguno inundará tus ojos de lágrimas, lágrimas que ella misma ha derramado escribiendo estas historias, pues cuando se escribe desde el corazón y desde unas vivencias propias, es normal que se ablande el alma.

En el anterior libro, mamá relataba historias de la vida misma, vivencias, anécdotas, y cualquier acontecimiento que sucediera, en este libro sigue en esa línea, *"historias que te harán sentir"* es un segundo reflejo de la vida, más situaciones con las que alguna vez nos hemos encontrado o nos encontraremos en algún momento de nuestras vidas, historias cargadas de amor y la sabiduría de una mujer que no ha tenido una vida fácil.

No deja de ser un libro apto para todo el público, mantiene el vocabulario del libro anterior, siendo este claro y sencillo para que nadie se pierda detalle de sus poemas. Encontramos desde letras dedicadas al amor hasta anhelos del pasado, pasando por vivencias, dedicatorias a la familia, a pueblos, amigos, y muchos otros títulos que te harán sentir. Incluyendo también una sesión de pequeños relatos con y sin rima.

Además, para atraer a más lectores, mamá ha añadido como novedad un espacio reservado a los más peques, en él descubriremos las aventuras de unos animalitos en la granja y cuál era el juguete preferido de la autora en su niñez, entre otros pequeños cuentos para niños.

Sin más preámbulos, te invito a adentrarte y disfrutar de este ejemplar y descubrir por tu propio pie que todo lo que digo no es más que la verdad.

Alicia Ruiz Florido

Este libro cargado de cariño y escrito con sentimientos va dedicado a toda mi familia, por su comprensión, por apoyarme en todo, por su colaboración, sobre todo a mi hija Alicia, la más pequeña que siempre le estoy preguntando qué te parece esto, cómo lo ves, aparte de que ella es mi prologuista, es ella la que escribe el prólogo.

Cuando digo a mi familia, me refiero a todo el que tenga algún vínculo conmigo, sean más cercanos o más retirados, que se den todos por aludidos. Yo quisiera escribirle un poema a cada uno de ustedes pero como sois tantos, es imposible, aunque tenéis que saber que estáis presentes en cada letra que escribo, lo sois todo para mí.

También va dedicado a todos mis amigos y amigas que son muy importantes para mí.
Y para todos mis lectores en general, que siempre estáis ahí siguiéndome, apoyándome y dándome ánimo para que siga escribiendo, sin vosotros no tendría sentido escribir un libro.

Mi gratitud infinita a todos los que he mencionado en este preámbulo. Con todo mi cariño y todo mi afecto este libro va para vosotros, deseo que os guste y que lo disfrutéis.

A la Patrona de mi pueblo

Inmaculada, blanca como la azucena,
blanca como la espuma,
blanca como el algodón;
blanca y transparente como el agua cristalina eres,
Inmaculada Concepción.

Patrona de Villanueva, que Concepción os llamáis las dos,
todo el pueblo te adora y por ti siente una gran devoción.

Tus ojos son dos luceros que brillan más que las estrellas,
enciendes una luz que sobre el pueblo de Villanueva destella;
tus labios son rubíes, dos pétalos de rosa tu cara, de seda tus
cabellos, tú eres la más bella.

Eres reina en los cielos y fe en la tierra, patrona celestial,
Villanueva tiene la suerte de tenerte en este altar.

Inmaculada, reina y señora soberana,
que el quince de agosto la plaza se engalana;
se hace una misa rociera en tu honor,
a los caballos le das la bendición,
momentos que se viven con mucha emoción.

Entre ramos de flores de colores te pasean por las calles en procesión,
los feligreses te acompañan hasta llegar de nuevo a la iglesia rezándote una oración.

Inmaculada Concepción,
guía nuestros pasos, cúbrenos con tu manto y danos tu bendición.

A mi madre

Aquella fatídica tarde del mes de febrero
cuando se cerraron tus ojos y nunca más se abrieron.
Aquella noche de luto se vistió el cielo,
se cubrió por un espeso manto negro de terciopelo,
ni las estrellas aquella noche salieron.
Tampoco el sol quiso salir al otro día,
el cielo se derrumbó y a mares llovía:
era el llanto de los ángeles que entre ellos te acogían.

Aquella fatídica tarde de febrero
se acabaron para siempre los besos más sinceros,
en mi alma quedó grabado el último te quiero.
Sin darte tiempo a despedirte, solo fue un hasta luego,
fuiste a casa de una vecina y allí se cerraron tus ojos y nunca
más se abrieron.
Aun siendo una niña, tuve que afrontar ese duelo
y mientras más años pasan, más te echo de menos.

Jamás sanaron esas heridas,
qué cruel fue conmigo la vida
y qué injusta, que con tan solo cuarenta y dos años, en la flor
de la vida,
para siempre te quedaste dormida.
En plena juventud, con toda una vida por delante,
qué vacío más grande me dejaste.

Tu vida se fue en un segundo,
de la garganta nunca se me quitará ese nudo;
tu ausencia no la llena ninguna cosa en este mundo,
no hay amor que se compare al tuyo,
el tuyo era el más sincero y el más profundo.

Son tantos los recuerdos que en mí anidan,
guardo una foto por los años descolorida,
la conservo y siempre va conmigo, me acompaña noche y día.
Aún recuerdo tu fragancia, el color de tu piel,
era tan blanca como la luna y tu cara dulce como la miel;
eras una mujer tan especial,
tan buena, tan cariñosa, tan servicial,
tan honesta, tan humilde, tan cabal...
Eras una mujer ejemplar.

Te fuiste cuando más falta me hacías, aún no había cumplido
doce años, en plena adolescencia,
me quedé con esa carencia.
Jamás nadie va a reemplazar tu presencia.
¡Cuántas veces en sueños te llamaba
y tú no estabas!
Me quedé con un vacío tan grande...
¡Cuánta falta me haces, madre!

Tú que solo vivías para que no me rozara ni el aire,
para que nada fuera a faltarme.
Todos los obstáculos de mi camino querías irlos apartando,
para que yo solo llano fuera pisando
y desde entonces no he vuelto a pisar más camino blando.

Me enseñaste tanto en tan poco tiempo, mamá;
me inculcaste tantos valores, me enseñaste a saber estar,
a valorar las cosas, a respetar a los demás,
a caminar de frente, con la cara "levantá",
a saber diferenciar el bien del mal,
a ser honrada, a tener una sola palabra,
todo eso lo llevo por gala:
ese legado es el que tú me has dejado.

Con todos esos recuerdos tengo que conformarme,
y con estas heridas que ni el paso del tiempo es capaz de cicatrizarme,
siempre en mi mente
estás presente.
En mis noches oscuras miro a las estrellas,
porque seguro que tú eres una de ellas,
no hay en el mundo nada más grande
que una madre.
A ella no la sustituye nadie.

A mi sobrina Miranda,
que se va

Por circunstancias de la vida, has decidido salir de tu tierra y
vivir una nueva aventura,
cruzar fronteras, probar suerte en otro país, con otras
costumbres, otra cultura.
Seguir formándote, a perfeccionar otro idioma y en él coger
más soltura.
Eres muy valiente y muy atrevida, cualquiera no se mete en
esas envergaduras;
eres inteligente, eres extrovertida, para adaptarte no vas a tener
dificultad ninguna.

Además ahora existen muchos medios para comunicarse y
atravesar grandes distancias,
así se hace mucho más amena la estancia.
Aquí se queda con nosotros el aroma de tu piel, aquí se queda
tu fragancia,
aquí dejas un gran vacío en el ámbito que te rodea y sobre
todo en tu casa.

Desearte que te depare lo mejor el destino
en este proyecto, en este nuevo camino,
que tengas mucha suerte, te salga todo como lo has planificado y
vengas con todos tus sueños cumplidos.

Que sepas que no te vas sola, te acompaña un trocito de cada
uno de los que te queremos,
esperamos que vuelvas pronto, te vamos a echar de menos.

Si no te va bien,
te quedas con la experiencia vivida y te vuelves otra vez,
a seguir con tus inquietudes que eres muy joven y te queda
mucho por hacer.¡Buen viaje, Miranda!

A petición de mi sobrina Celia

Me dijiste: «tita, escríbeme una poesía».
«Bueno para tu cumpleaños va a ser ese día».

Parece que fue ayer cuando estábamos en aquella sala de espera,
dando vueltas por la habitación,
esperando a que tú nacieras.

Ya por fin llegó el momento de tu llegada,
momento que yo también anhelaba.

Parece que fue ayer, cuando una nana te cantaba
y en mis brazos dormida te quedabas,
contemplando tu carita, a mí se me caía la baba.

Parece que fue ayer cuando conmigo mucho tiempo pasabas:
comer conmigo, dormir conmigo, estar conmigo, a ti te encantaba,
y yo a ti también mucho te disfrutaba.
Desde que eras un comino eras muy redicha,
uy graciosa, muy cariñosa, a mí me tenías cautivada.

A donde quiera que yo iba tú conmigo te apuntabas,
la gente que eras mía se pensaban,
y hasta parecido físico nos sacaban.

El tiempo pasa, fuiste creciendo y crecieno, y en toda una mujer
te fuiste convirtiendo.
Esos recuerdos en mí vivos siguen permaneciendo,
para mí toda la vida, mi niña Celia seguirás siendo
y siempre en mi corazón tu huequito lo seguirás teniendo.

Hoy son ya veinte y dos años los que estás cumpliendo
y a todas las estrellas del cielo para ti les estoy pidiendo
lo mejor del mundo y que la vida siempre te vaya complaciendo.

Decirte que sigues siendo muy especial para mí,
y que tita Pepi te desea a ti
que hoy y siempre seas inmensamente feliz.

A petición de mi
sobrina Laura

Me dijiste un día, «tita escríbeme un poema».
«Para tu cumpleaños creo que es una fecha buena».

¿Qué le escribo yo a mi Laura, a mi Laura qué le voy yo a escribir?
Te diría tantas cosas que en un poema sería imposible de resumir.

Cuando eras pequeñita y a mi cargo te dejaban,
dormías en mis brazos y de mis pechos te amamantaban;
uno se tomaba tu prima, y el otro yo a ti te lo daba.
Creciste a mi vera y muchos ratos conmigo pasabas.

También recuerdo a esa Laurita,
cuando igual que a tu prima yo te vestía, le hacía sus dos colitas,
y os llevaba a las dos a haceros fotos con las margaritas.

Recuerdo a esa niña redicha cuando con sus muñecas jugaba,
pero el tiempo avanza sin dar tregua y los años pasan y pasan.

Todo eso parece que fue ayer,
y ya eres toda una mujer.

Y atrás quedan esos recuerdos tan entrañables,
para mí siempre seguirás siendo mi sobrina adorable.

Mi Laura, diecisiete años vas a cumplir
el día diecisiete de abril.

Mis deseos para ti es que siempre tengas días llenos de sol res-
plandeciente,
que se cumplan todos tus deseos y que siempre te acompañe la
suerte.

Este poema lo he escrito con sentimiento y esmero,
para mi Laura, que mucho yo la quiero.

A ti, Inmaculada Concepción

Eres patrona de este pueblo,
Inmaculada Concepción.
Bendita tú eres
madre del Señor,
con los candiles de tu cara
iluminas nuestra dirección.

Cuando te tengo delante,
pastora celestial, aflora en mí la emoción.
Recorre un escalofrío por mi pecho
hasta llegar a mi corazón.
Madre hermosa,
eres pura, eres amor.

Con tu carita divina
luces como una flor,
resalta en ti la belleza,
patrona de Villanueva de la Concepción.
Este pueblo que custodias
por ti siente una gran devoción.
Ruega por nosotros, extiéndenos tu mano
y danos tu bendición.

Los abuelos

Son los abuelos las raíces más profundas que soportan las adversidades del tiempo,
las ramas cada vez van en aumento,
acogiendo a cada rama que nace y sujetándola en cada momento,
para que ninguna se tuerza y el árbol se mantenga derecho.

Ese árbol genealógico de hojas perennes que no se caen por mucho que las azote el viento.
En cada rama anida la experiencia, la sabiduría, los valores que le inculcan a sus nietos;
son una relevancia, nos dan una lección magistral,
son una enciclopedia abierta, cuánto nos enseñan, cuántas historias tienen para contar,
qué derroche de cariño, cuánto amor nos dan.

Cada cana, cada arruga en su piel marcada dan fe de una lucha implacable.
Ellos ocupan un lugar destacado en la vida de los nietos, ellos son los segundos padres,
ellos son un ejemplo a seguir, ellos son los abuelos incansables.
Pese a que no han tenido un camino llano,
lo han tenido más bien empinado:
por ejemplo, mis abuelos, vivieron una época muy difícil en el ayer,
mi abuelo paterno trabajaba en el campo desde el amanecer,
mi abuela iba a llevarle el almuerzo a campo través
y a la vuelta un haz de leña al cuadril se traía para hacer de comer.

Mi abuelo materno era recovero: en un mulo llevaba la mercancía
que iba repartiendo por el campo, día tras día.
En la casa tenía un barecillo y así se buscaba la "vía",
qué difícil se les hacía el día a día.
Sin electricidad, sin agua corriente,
teniéndola que acarrear del pozo o de la fuente.
Todos los trabajos lo realizaban a mano no había maquinarias
de ningún tipo,
la vida de ellos sí que era un mito,
ganando una miseria de jornal hacían malabares para darles de
comer a sus hijos.

¡Ay, mis abuelos!
Los que me esperaban con tanto anhelo,
¡Cuánto daría yo por sentir de nuevo
el calor de los brazos de mis abuelos!
Se merecen un homenaje todos los abuelos,
no existen palabras para definirlos .
Por esto y más, abuelas, abuelos, ¡cuánto os debemos!

Al colegio Ciudad de Oscua

Voy a dedicarle este momento,
a los alumnos del ciudad de Oscua y a todos sus maestros.
Son muchos niños de Infantil y Primaria los que acuden a diario
a este centro.

Empezáis con tres añitos
y poco a poco vais subiendo escaloncitos.
Es un privilegio estudiar en este cole.
Aquí habéis aprendido los números, a leer, a escribir, a contar y
a distinguir los colores;
también os enseñan buenos modales, a crecer como persona y
muchos valores.

Aquí habéis hecho muchos amigos,
tenéis muchas actividades, aprendéis canciones y muchos juegos
divertidos.

Mientras más vais creciendo,
más vais aprendiendo.
Cada vez tenéis más asignaturas, más deberes y más que estudiar,
pero vosotros sois muy inteligentes y el tiempo lo sabéis aprovechar.

En este cole muy buena enseñanza estáis recibiendo,
como una esponja todo lo vais absorbiendo,
con tantas inquietudes y tanto esfuerzo,
cada vez más vais ascendiendo.

Aquí pasáis una etapa de vuestras vidas, aquí hacéis Primaria
y salís preparados para la Secundaria.

Jamás quedarán en el olvido
todas estas vivencias, todo este tiempo aquí vivido,
siempre quedará sellado en vuestro corazón, todo estos momentos,
las vivencias con los compañeros y con los maestros.

Con los maestros,
a ellos va dedicado ahora esta parte del tiempo,
ellos os brindan con su sabiduría,
ellos os ven evolucionar día tras días.

Se esmeran por entregaros su saber
y haceros crecer,
os despiertan ese deseo de aprender,
con el objetivo de haceros hombres y mujeres de bien.

Con qué maestría,
les enseñan la lección a sus alumnos cada día,
qué capacidad, qué paciencia tienen con los niños,
ofreciéndole lo mejor con todo el cariño.

Para ellos son muy satisfactorios vuestros logros, cuando subís
de grado,
qué orgullo para ellos cuando sus alumnos salen graduados.

Maestro, qué bonita profesión,
qué buena labor,
con nada está pagado,
todo el esfuerzo brindado,
a ellos le debemos,
todo lo que sabemos.

Almogía, lugar predilecto

Hoy le voy a escribir una poesía
a un pueblo predilecto, es Almogía.
Orgullosa de pertenecer a ella, porque también la considero un
poquito mía.

Qué tiene este pueblo que el "sentío" me quita,
será por lo que queda de su castillo, por su iglesia, o por su ermita;
será por su plaza, por sus calles de macetas florecidas, o será por-
que es muy bonita.

Conserva sus casas antiguas, de piedra y barro fueron construidas,
también casas nuevas erguidas
en lo más alto de la colina.
Este pueblecito de casas encaladas,
calles estrechas y empinadas,
pueblo de gran extensión y de casas salpicadas
por todas sus barriadas.

Hay que conocer cada callejón, cada recoveco,
de este pueblo predilecto,
porque Almogía enamora, Almogía cautiva, es un lugar selecto.

La hortezuela, la noria, el tajo, la rambla, el puente de las palomas,
qué belleza hay en esta zona.

El sol se levanta temprano y se posa en el mirador,
se recrea en el pueblo dando su resplandor,
impresionado de las vistas que hay a su alrededor.

Cuando la luna asoma,
reflejándose la cara en el pantano Casasola,
el aire de flores silvestres y de azahar trae el aroma
y de especies autóctonas que en primavera afloran.

Almogía, tierra fértil agrícola de almendros, olivos,
vegetación y cultivos,
entre ellos destaca el trigo.

Por los verdes prados,
pastando el ganado,
por los montes y cerros la hierba crece,
entre ellos el Santi Petri, qué majestuosa panorámica nos ofrece.

Almogía dispone de tantas cosas bonitas que no pararía de escribir,
pero será en otra ocasión, este poema lo voy a dejar aquí.
Solo voy a añadir,
que lo mejor del mundo, España, lo mejor de España, Andalucía,
lo mejor de Andalucía, Málaga, y lo mejor de Málaga, Almogía.

Álora, este lugar pintoresco

Hoy le escribo mis versos al que antes fue mi pueblo,
este pueblo es Álora, y vivirá para siempre en mis recuerdos.

Mis abuelos maternos eran del arroyo Ancón
y los paternos del arroyo Jeva, que es donde me crié yo,
en los lagares, en lo alto de esos cerros,
en uno de los recovecos de este maravilloso pueblo.

Orgullosa del pueblo donde nací, cuando hablo de él me
desbordan los sentimientos
en lo más profundo de mis adentros,
tierra que siento mía de alguna manera,
me siento un poquito "perota" y lo llevo por bandera.

Yo vivía a unos quince kilómetros en línea recta;
me traía mi padre al pueblo subida en una bestia;
muchas veces,
el medio de transporte era ese.

Cabalgando venía por esos caminos,
entre alcornoques, encinas, almendros y olivos;
entre huertas, naranjos, limoneros y otros cultivos,
flores de mil colores, aromas de azahar y el verde del trigo.

Desde por la mañana bien temprano,
hasta llegar al pueblo por el altozano,
bordeando montes y cerros buscando por lo más llano.

Álora, valle del sol, este prodigioso lugar,
de él voy a hablar;
este pueblo pintoresco, con sus calles anchas y empinadas,
el sol resalta en el horizonte y rayos de luz van iluminando sus
casas encaladas.
El castillo lo divisa desde su mirador,
alcanzando la vista kilómetros y kilómetros a su alrededor.

Donde la cima del Hacho culmina,
en sus cumbres las aves rapaces anidan.

Por la noche sale la luna presumida
y en los espejos del río Guadalhorce se mira.

El sol se inclina al lubricán de la tarde
y se deja caer sobre la sierra de Huma, sierra de Aguas y el
desfiladero de los Gaitanes.

Álora, este lugar pintoresco,
dispone de calles emblemáticas e históricos monumentos.

Álora tiene precioso rincones, voy a recomendar
que nadie se quede sin ver este precioso lugar.

Tiene sus costumbres, sus tradiciones, su gastronomía,
las sopas "perotas", que mi abuela tan rica las hacía,
yo tengo su misma receta y me salen igual de buenas que a ella
le salían.

Tendría tanto que escribir de este pueblo que para él solo un
libro tendría que dedicar,
pero bueno, de momento en mi primer libro tiene su espacio
y en el segundo seguro que también lo tendrá.

Porque este pueblo me vio nacer,
este pueblo me vio crecer
y en mi siguen intactos esos recuerdos de mi niñez.

Ama de casa

Le preguntan, ¿cuál es tu profesión?, ama de casa,
¡ah!, entonces no trabajas.
¿Qué no trabaja?, si es la última que se acuesta y la primera que
se levanta,
ama de casa la que no descansa.
La que nunca se queja y la que nunca se cansa.
Cuánto tiempo le dedican a la casa,
qué laborioso, qué complejo y qué poco lucido es el trabajo del
hogar.

Para eso cuando llega el marido, qué cansado estoy no puedo más.
Pega sus ocho horas de trabajo, cuando llega lo tiene todo por
delante, se tumba en el sofá,
que los niños no lo molesten porque tiene que descansar,
si se pone a ver la tele que se callen que no me estoy enterando
de "ná",
llega la hora de bañar a los niños y darles de cenar,
él no puede porque tiene que descansar,
que ya hoy dio su jornal,
ponme ahí la ropa limpia para mañana que me voy a acostar,
si le dices llevo un día que vaya, estoy "reventá",
niños, colegio, compras, comida, limpieza, ya no puedo más
y todavía me queda quitar lo de la cena, doblar la ropa y planchar,
dice bueno para eso estás todo el día en la casa, yo vengo harto
de trabajar.

"Pa" eso cuando el niño da una mala noche, llévatelo aunque
sea al sofá,
que no me deja dormir y yo mañana tengo que trabajar,
ella esté bien o esté mal,
junta el día con la noche y se tiene que aguantar.
Ahora si se ponen malos ellos, ya no te digo "ná",
se echan a morir, metidos en la cama, ¡ay, qué malo estoy, yo no
me puedo menear!,
en cambio si se ponen malas ellas no se pueden acostar,
tienen que seguir al pie del cañón;
de su familia son el soporte, son el bastón,
siempre repartiendo cariño y amor,
yo no le llamaría ama de casa a esta profesión,
porque hacen de todo, son multifunción,
hacen malabares y sin sueldo que es lo peor,
yo les daría una titulación,
deberían salir hasta con una pensión,
todas las amas de casa,
esas que se dice que no trabajan.

Que no se me ofenda nadie, que hay hombres maravillosos que
colaboran en todo,
es por darle un poco de humor
y les ha tocado a ellos en esta ocasión,
además hay algunos que también son amos de casa, aparte de su
profesión.

Amanecer en el campo

Amanecer en el campo,
donde los pájaros te despiertan con su canto,
cada uno con su melodía,
con estilos diferentes componen una preciosa sinfonía.

Donde se oye el sonido de las aguas mansas,
corriendo por el arroyuelo cuando por las piedras pasa.
Donde se oye el silbido del viento
y el sonido de las hojas de los árboles en movimiento;
el cante de las chicharras, el zumbido de los insectos.

Observa a tu alrededor todo lo que alcanza la vista. ¡Qué grandeza!:
las montañas, los árboles, la vegetación, las flores silvestres. ¡Qué
belleza!:
el olor que desprende la tierra, el perfume de las flores y todo
obra de la naturaleza.

En el campo no hay nada artificial.
El aire que se respira es puro y natural,
sin humos, sin contaminación.
La luz y el calor son los del sol.

La puesta de sol, cuando el sol se inclina
con esos colores que me fascinan.
La noche también tiene su encanto;

el cielo aterciopelado cuajado de estrellas parece un manto
y cuando en los espejos del río se mira la luna llena,
los animales nocturnos suenan,
canta el grillo y se enciende la luciérnaga.
¡Qué de encantos
nos ofrece el campo!

Amor en vano

Tus ojos eran dos candiles que me alumbraban noche y día,
me transmitías esa luz; los míos también se encendían;
me dejé llevar como un barquito sin guía.
Pero los hilvanes de este amor cada vez más se descosían.

Me engañaron las apariencias: todo fue fantasía,
todo se vino abajo, todo se derrumbó, mis sueños se desvanecían.

Una y otra vez lo volví a intentar,
pero era una más en tu lista, todo seguía siendo igual.
Puse riendas a mi corazón
y ya no voy a seguir manteniéndome de las migajas de tu amor.

Amor tallado

Eran tan solo dos niños cuando decían
que se amaban y que se querían.
Los dos de la mano amor eterno se prometían.
En el tronco de un árbol tallaron que toda la vida se amarían.

Pero la promesa no se cumplió,
sus padres emigraron llevándoselo y los separaron a los dos.
Los que ellos habían sellado, el destino lo rompió.
El mundo se les vino a los pies, con lágrimas en los ojos se despedían,
jurándose uno al otro que la promesa se cumpliría.

Él vive en sus sueños, ella vive en los de él,
los dos sueñan con volverse a ver.
Ella camina bajo la luna, a ver si lo ve reflejado en ella,
él también camina a ver si ve reflejada a su doncella.

Cuando ella había decidido ir a buscarle, una carta de él recibió,
en la cual decía que había conocido a un nuevo amor.
Ella, al leerla, de las manos se le cayó y
en mil pedazos se le rompió el corazón.
El pacto, el amor sellado, las promesas, todo eso, ¿dónde quedó?

Desde aquel día nefasto
que recibió aquella carta, en la que decía que había roto el pacto,
desde entonces habían perdido el contacto.

Aunque él hizo una nueva vida, en el fondo la sigue amando.
Ella en el árbol que tallaron su amor lo sigue esperando,
se está consumiendo como una vela,
no puede más, está siendo demasiado larga la espera.

El manantial de sus lágrimas se ha quedado sin caudal,
de tanto y tanto llorar.
Está enferma de amor y ese mal
ningún médico lo puede curar,
tan solo su amado le podría curar esa enfermedad.

Iba pasando el tiempo y él a ella tampoco la olvidó,
cada vez lo llevaba peor,
porque esa relación nunca funcionó.

Puso fin a todo y a su país volvió,
en busca de su amada que allí se la dejó
enferma de amor.
Y se volvieron a unir esos corazones partidos en dos,
emprendieron una vida juntos, al final la promesa se cumplió.

Ni las leyendas ni las historias de amor
fueron tan grande como el amor de estos dos.

Basta ya al acoso escolar

No puede dormir, se despierta temblando de madrugada,
no quiere ir al colegio, se le hacen interminables las horas que
allí pasa, la tienen acosada.
No quiere coger la senda que la conduce al dolor, está deses-
perada.
¡Cuántas lágrimas en silencio lleva ya derramadas!
Está sufriendo mucho, ya no puede más, pero tampoco se atreve
a decir nada,
sumergida y sin soltar palabra, porque los acosadores la tienen
amenazada.

¡Cómo pueden tener en su corazón tanta maldad,
siendo casi de la misma edad,
cómo pueden ser tan crueles y atacar sin piedad!

Con lo bonito que es estar bien con uno mismo y llevarse bien
con los demás.
¡Cobardes! Con eso, ¿qué queréis demostrar?
Tenéis una vida vacía, el alma fría, hay otras maneras de divertirse
sin hacerle daño a los demás.
Basta ya de tantas humillaciones,
poneros en su lugar,
basta ya de acosarla, dejadla en paz.

Si ya forman estas bandas, no quiero ni pensar
cuando sean adultos, dónde van a llegar;

hay que tomar medidas, esto se tiene que frenar,
con esta lacra hay que acabar.

Habla con sus padres qué medidas deben tomar;
si no lo hacen, el vandalismo van a fomentar
y el día de mañana, de seguir así, unos delincuentes serán.

Que nadie sea cómplice de estas agresiones, no se pueden callar.
Son traumas muy fuertes los que sufren algunos adolescentes,
esto no se puede ignorar,
algunos acaban hasta en un desenlace fatal.

Basta ya de tanta crueldad,
basta ya al acoso escolar.

Carta de una niña
a los Reyes Magos

Una niña a los Reyes Magos una carta les escribía:
«Yo no quiero regalos, yo no quiero juguetes», les decía.
«Yo solo quiero que me traigáis a la madre mía,
quiero que, aunque sea solo un ratito en este día,
se siente con nosotros en la mesa y ocupe la silla que dejó vacía».
Eso es lo único que ella les pedía.

«Baltasar, Melchor, Gaspar,
por favor, traedme a mi mamá».
Vosotros sois magos y los deseos los hacéis realidad;
traédmela, aunque sea solo por un día,
que pueda sentir el calor de su cuerpo y abrazarla;
que me acompañe al cole y un ratito al parque a jugar;
que todas mis amigas van con sus mamás.
Le diré que la echo de menos, que la quiero mucho y ya se
puede regresar».

Hija, mira al cielo cada noche antes de irte a acostar
y la estrella que más brilla esa es tu mamá.
Ella sale cada noche para tus sueños velar,
cada día guía tus pasos desde allí donde está.
Pero es una estrella del cielo y las estrellas no se pueden bajar.
Tú dile lo que quieras que seguro te oirá,
aunque tú a ella no la puedas escuchar.

Ella quiere que juegues con tus juguetes como las niñas de tu
edad,
que no te pongas triste; si no, también se pondrá ella y dejará
de brillar.

Clara

Por más de los cuarenta andaban sus padres cuando, con síndrome
de Down, Clara nació
con sus ojitos redondos y chiquitos, su carita sonrosada colmó
sus vidas de felicidad y de amor.

Clara tiene algo especial en la mirada.
Es la alegría de su casa, la flor que en su jardín faltaba.

Porque tiene el síndrome de Down dicen que está "malita",
y es más lista de lo que todos se creen la niña de las gafitas.

No es que sea diferente, es que tiene algo distinto en la "mirá",
es porque en sus ojos no esconde ni odio ni maldad.
Es un derroche de cariño sincero, tiene un corazón de oro, Clara
está "sembrá".

Clara está pendiente de todo, ningún detalle se le escapa.
Con su encanto, sus inquietudes y por muchas más cosas Clara
destaca.

Hoy mi musa ha sido Clara,
la niña especial,
la de la dulce mirada.

Ali cumple diecinueve años

Hoy trece de febrero es un día muy especial para mí,
tal día como hoy naciste en mi jardín,
eras una flor tan pequeñita y bonita que, aunque invierno era,
mi jardín se vistió de primavera
y después de diecinueve años, de primavera sigue vestido.
Para mí siempre seguirás siendo esa flor pequeña, por mucho
que hayas crecido.

Hoy y siempre voy a desearte vitalidad para subir las montañas
que se te presenten;
que tus propósitos sean logros;
que la dirección que tomes te conduzca a un hermoso mañana;
que tu dicha sea abundante y perdurable;
que siempre continúes teniendo esa alegría, ese encanto y bondad
que te caracterizan.

Feliz cumple para la flor más bonita de mi jardín.

Otro día especial para mí: cumpleaños de Javi

Tal día como hoy llegaste a este mundo, me llenaste de amor y de ternura.
Para mí fue uno de los mejores momentos de mi vida sin duda alguna.
La baba se me caía contemplando tu carita arropadito en tu cuna;
también quería contemplarte y se colaban por la rendija de la ventana los rayitos de la luna.

Naciste un quince de mayo, en plena primavera, cuando los campos estaban florecidos,
cuando los árboles estaban completamente vestidos;
cuando los pájaros estaban incubando en sus nidos;
cuando los días eran más largos, cuando el sol estaba de testigo,
llegaste tú para quitarme el sentido.

Llegaste absorbiendo todo mi amor, amor que con nada se puede igualar,
y por muchos años que cumplas para mí, mi niño siempre serás.
Siempre te arroparé en mi regazo
y mi mano extendida la tendrás al final de mi brazo.

Decirte que eres un amor de hijo y en este día tan especial te voy a desear
que nunca te falten ilusiones para soñar;

que todos tus objetivos sean éxitos, infinitos momentos de felicidad;
que lo pases fenomenal
y que cumplas muchísimos más.

Cumpleaños de mi Ale

Hoy es un día especial, hoy es el cumple de mi nieto.
Una de las mejores cosas que me ha pasado en la vida fue tu
nacimiento.
Me colmaste de felicidad y siempre recordaré ese precioso mo-
mento;
para mí eres completo
solo te falta que des más besos.

¡Hoy cumples nueve años ya!
Quiero que llenes tus años de sonrisa, de alegría, de momentos
especiales y de felicidad.
¡Feliz cumple, mi niño! De tu abuela, aunque para ti siempre
seguiré siendo la Pepi.

Cumpleaños de mi Nuria

Tal día como hoy nació mi doncella,
en primavera, cundo nacen las flores
y tú eras la más hermosa de todas ellas.
Cada año que trascurre estás más hermosa,
soy afortunada de tenerte como hija,
eres muy especial, yo de ti estoy muy orgullosa.
De cualidades estás repleta,
el corazón lo tienes lleno de nobleza;
en general, eres muy completa.

Otro año queda atrás y otro llega con nuevas oportunidades,
para llenarlos de sonrisas y momentos especiales,
que logres todas tus metas,
que se cumplan todos tus deseos
y alcances la felicidad completa.

Cumpleaños de mi Juan

¡Ay, qué mayor se me está haciendo ya este chiquillo!

Parece que fue ayer cuando estábamos en aquella sala de espera,
esperando que tú nacieras.
Me colmó de felicidad tu nacimiento,
se me caía la baba contemplando la carita de mi nieto.
Siempre quedará grabado en mi mente ese precioso momento.

El tiempo transcurre a paso gigante
y tú creces a un ritmo trepidante.
Estás hecho un hombrecillo ya,
para mí eres muy especial.
Hoy y siempre lo mejor del mundo te voy a desear
y que tu vida esté repleta de felicidad.
Hoy cumple once años el mayor de mis nietecillos,
¡Feliz cumple, mi niño!
De tu abuela, aunque para ti siempre seguiré siendo la Pepi.

Cumpleaños de Juan Antonio

Hoy es el cumple de mi esposo, hoy es otro día importante
del cual no puedo olvidarme.

Hoy es tu cumpleaños, hoy cumples un año más;
no te haces más mayor, te haces más grande aún, si cabe, porque
tienes el corazón lleno de bondad.
Hoy cumples un año más de lucha, de lucha constante,
la que tú llevas casi desde que te destetaste.
Cumples un año más,
luchando por los tuyos para que no les falte de "ná";
cumples un año más de entrega, de entrega total.
Me faltan palabras para poderte elogiar.
Tus nietos, tus hijos y yo de ti nos sentimos muy orgullosos por
todo esto y por muchas cosas más.

Decirte también que estaremos siempre a tu lado,
compartiendo tanto las llanuras como lo empinado;
que te quedes solo con los buenos momentos,
los malos que se los lleve el viento;
que le sumes vida a tus años, no años a tu vida y que disfrutes
del momento.

Hoy y siempre te vamos a desear
felicidad y serenidad con cada amanecer; éxito en tus proyectos y
un sendero esplendoroso que te conduzca a un hermoso mañana.

De Andalucía yo soy

De Andalucía yo soy, blanca y verde es nuestra bandera,
blanca sinónimo de pureza y el verde natural de nuestra tierra.

Andalucía tiene cinco hijas bañadas por el mar;
las otras tres lo están
por el río Guadalquivir y el Segura, ya no se puede pedir más.

Andalucía, tierra de arrozales, de viñas, de almendros y de olivos,
de algodonales, de cítricos y de cultivos,
de oro líquido, del jamón, del gazpacho y del vino.

Rica por su gastronomía, su clima, por su buen ambiente,
por su belleza y por su buena gente.
Tierra de mucho arte es Andalucía,
es la tierra del cante por verdiales, del flamenco, alegrías,
por soleares, fandangos o por bulerías.

En Andalucía qué bien se vive bajo este cielo azul,
donde hay más horas de luz;
por todo esto se destaca tanto el sur.

Andalucía es muy acogedora. Aquí se recibe a todos los forasteros
y aunque cuestionan nuestro dialecto, admiten que lo nuestro
es pionero
y que en nuestra tierra hay mucho salero.

Aquí se dan los buenos días,
aquí se vive con alegría,
es un lujo vivir en Andalucía,
qué alboroto, qué algarabía,
¿Que estáis de fiesta? No, es que así se vive en Andalucía.

Qué suerte vivir en Andalucía, porque Andalucía es muy grande.
Yo soy andaluza porque lo llevo en la sangre,
soy andaluza, porque en Andalucía me parió mi madre.

Dentro de mí viven

Un señor con una bata blanca me cortó las alas,
cuando me dio el diagnóstico me quedé descuadrada.
El mundo se derrumbó a mis pies, me quedé desconcertada,
la cabeza cabizbaja mientras mi mente volaba.

No puede ser, debe ser una pesadilla, yo para esto no estoy
preparada.
Como un puzle desordenado ninguna pieza me encajaba,
hasta quise tirar la toalla, estaba muy desanimada.

Desde el manantial de mi alma brota un mar de lágrimas.
No tengo consuelo,
con vehemencia le aclamaba a Dios que está en el cielo;
reflexioné y con ímpetu me levanté de ese suelo.

¿Qué vienes a buscarme? Pues me vas a encontrar.
¿Qué quieres guerra? Pues aquí estoy yo para pelear.
Eres infame, lo sé, pero que sepas que la batalla te la voy a ganar,
aunque dentro de mí vives, dentro de mí estás.

Cada vez más de la misma banda me estáis atacando,
pero gracias a los facultativos yo tengo mis armas y os sigo
ganando,
aunque dentro de mí os sigáis hospedando.

Si las cartas no son muy buenas hay que saber jugarlas,
y sacar cuando haga falta el as de la manga,
sea como sea la partida hay que ganarla,
que siempre hay una ventana abierta a la esperanza.

Donantes

Qué generosidad más grande,
por parte de aquel que decide donar sangre.
Hay muchas personas que necesitan una transfusión,
gracias a la bondad de estas personas eso tiene solución.
¡Cuántas vidas se salvan, cuántos salen adelante,
todo eso gracias a los donantes!

Es de ser muy humano el que dona sus órganos,
es una nobleza muy grande la de los que deciden donarlos,
pues saben que cuando se vayan, ya no van a necesitarlos.

Se van con la satisfacción
de que en otra persona va a seguir latiendo su corazón,
o que sus pupilas van a seguir viendo la luz del sol,
o que alguien que estaba perdido y no sabía a qué aferrarse;
le llega el órgano que tanto esperaba gracias a un donante;
vuelve a nacer, alguien le ha regalado la vida para que siga adelante,
podrá ver la luz en cada despertar
y curar las heridas que le causó el temporal.

Cuántas vidas se salvan, cuántos salen adelante
y todo eso gracias a los donantes.
En el mundo entero no hay riqueza
para pagar este gesto de nobleza.

El abuelo cumple 80 años

Tal día como hoy nació el Ratón.
Ese apodo se lo pusieron, porque le arrastraba el zurrón,
cuando le llevaba la comida a su padre que era muy chico de edad.
Se crió en unos tiempos muy difíciles entre siete hermanos y
desde muy pequeño ya tenía que colaborar.
Sin darle la vida la oportunidad de estudiar,
muy pronto se tuvo que poner a trabajar.

Luego se casó y formó su hogar
y una familia maravillosa junto a sus hijos y a su esposa.

Siempre ha sido muy trabajador,
ha hecho de todo: un gran luchador,
ha trabajado en el campo, en la construcción,
ha sido barbero, ha sido esquilador,
este hombre le mete mano a "to".

Aun así se encontró con muchas trabas;
se ganaba muy poco aunque mucho se trabajaba,
y eran cinco hijos que tenía a su espalda,
pero se las supo ingeniar para que nada les faltara.

Fue pasando el tiempo,
sus hijos fueron creciendo,
se hicieron mayores y vinieron los nietos,

que aparte de disfrutarlos
también ayudaba a cuidarlos;
él a su familia siempre ha estado entregado.

A lo largo de esta trayectoria, obstáculos se ha ido encontrando,
los cuales los ha ido apartando,
incluso problemas de salud que ha ido superando,
con fuerzas y valentía todo lo ha ido afrontando.

Hoy cumple ochenta años. Quién llegara a esa edad
estando como él está,
que todavía se monta en los tejados a pintar.
Este abuelo está hecho un chaval
y que cumple ochenta años eso nadie lo diría,
es un hombre que no para, tiene mucha energía.
Él no se aburre, siempre busca algo que hacer en su día a día,
tiene sus *hobbies*: en el tiempo de caza se va de cacería,
por las tardes se va con sus amigos a echar la partida,
siempre de manera positiva mira la vida.

Cuánto ejemplo nos da, es admirable,
con su experiencia su sabiduría es insuperable,
es un ejemplo a seguir, es inigualable.

Tiene más cualidades: es buen padre, buen abuelo, buen marido,
buen hermano, buen suegro, amigo de sus amigos,
por todos los que lo conocen es querido.

Yo qué más le voy a decir, que cumpla muchos más rodeado de
esa gran familia que tiene
y que tanto lo quieren,
que siga así de bien,
que perdure por mucho tiempo esa energía que tiene, esa vitalidad
y esa fuerza de voluntad.

El amor no distingue

De pequeño se ponía ropa de su hermana, sus zapatos de tacón,
sus collares, sus pulseras y en el pelo una flor;
rímel en las pestañas, en los labios carmín,
aprovechaba cuando se quedaba solo y con eso era feliz.

No se fijaba en las chicas, era un chico el que lo atraía,
se le caían los palillos del sombrajo cada vez que lo veía.
Compañero de la escuela, amigos de toda la vida.
Con el surgió el primer beso y se aman a escondidas.
No tenéis nada que ocultar,
gritarle a los cuatro vientos que os amáis de verdad.

No son de otra manera, no son diferentes,
porque se amen dos del mismo sexo como piensa alguna gente.
Qué importancia tiene,
que se amen dos hombres o dos mujeres.
Hay que entender
que hay mujeres que se sienten hombres y hombres que se
sienten mujer,
todo es respetable, cada uno es como es.

El día de su comunión

Parece que fue ayer cuando te cantaba una nana
y en mis brazos dormidita te quedabas;
o cuando tus primeros pasos dabas;
o cuando se te cayó tu primer diente y lo metías debajo de la
almohada,
con mucha ilusión a ver lo que el ratoncito Pérez te dejaba.

El tiempo avanza sin dar tregua y ya te estás haciendo mayor,
eres toda una mujercita, bella como una flor,
y ese día que esperabas con tanto anhelo por fin llegó.

Al alba esta mañana se levantó,
hoy es el gran día, hoy hace su primera comunión.
Su madre y su padre no pueden contener la emoción,
con lágrimas en los ojos y alegría en el corazón:
a la abuela una lágrima también se le escapa y se le cae la baba,
cuando ve la ropita "planchá" en lo alto de la cama.

Va camino hacia la iglesia, radiante de alegría,
¡qué bonita está mi niña de comunión vestía!
El cura la está esperando en el altar mayor,
mi niña toma rezando su primera comunión.
Cuando vino a darme un beso otra vez no pude contener la
emoción.

Qué feliz está mi niña, rodeada de familia y amigos, viviendo
este día con tanta ilusión.

Disfruta cada momento, cada segundo princesa mía,
ya que formará parte de tus mejores recuerdos este gran día.
Felicidades, que siempre perdure en ti esta alegría.

El niño y la maestra nueva

En el colegio hay un niño con una actitud que no es muy normal,
siempre anda solo y de un rincón del colegio a otro va.
Cuando explican los maestros él no está atento a las explicaciones,
le ponen negativos y tiene bajas calificaciones.

Un día llegó al colegio una maestra nueva, llamó su atención el
niño desde el primer momento,
tanto era así que decidió hablar con su anterior maestro.
Este le dijo que no llevaba mucho tiempo en este centro,
que sí, que era un poco extraña su actitud,
no estudia, no pone empeño, no le veo inquietud.

La maestra preocupada
va a pedir información al colegio que antes el niño estaba,
le informaron que allí iba bien, que su actitud era correcta.
¿Qué le estará pasando al niño?, se preguntaba la maestra.
Tiene que haber un motivo, tiene que haber una razón,
cada día se acerca más a él a ver si le da una explicación.
Cada vez el niño con la maestra va cogiendo más confianza,
hasta que le dijo maestra le voy a contar lo que me pasa:

Mis compañeros me llaman el autista, el niño rarito de la clase,
se meten conmigo;
me dicen que mi ropa ya no se lleva, se burlan de cómo vengo vestido,
y voy así porque la ropa que yo me pongo es heredada;
por eso a veces no es ni de mi talla.

Nos cambiamos de lugar, porque la casa en la que vivíamos no estaba adaptada,
mi madre de una mala enfermedad quedó incapacitada.
Mi padre apenas puede ir a trabajar, se tiene que hacer cargo de cuidar a mi mamá,
quiero hacerlo yo, pero mi papá dice que no, que yo tengo que estudiar.

La maestra quedó consternada al oír lo que el niño le estaba diciendo,
conmovida por la historia del niño, no podía dar crédito a lo que estaba oyendo.

La maestra le explicó a los compañeros, cada vez a él más los iba acercando,
poco a poco se fue integrando.
El niño cada día se sentía mejor,
gracias a la maestra que tanto le ayudó.

Estaba motivado, hacía los deberes, cada vez más estudiaba,
ya con todos los compañeros se relacionaba.
Para nada era el niño como sus compañeros y los demás maestros lo calificaban.

Hagamos una reflexión,
y que todo esto nos sirva de lección.
Detrás de cada persona hay una historia, por eso no se debe juzgar a nadie, ni etiquetar, ni tachar, hasta que no sepamos su verdad.

El perro guía

Todo cambio en su día a día,
cuando llegó a su vida un perro guía.
Se encontraba con tantas barreras,
tantas dificultades, porque no veía,
hasta que llegó su amigo, su fiel compañía.
Es sus pies y sus manos, el que le esquiva todos los obstáculos,
el que sus pasos guía;
el que lo defiende, el que lo protege, el que le lame sus heridas;
el que no lo abandona ni de noche ni de día.

Es increíble la inteligencia del perro, ¡qué adiestramiento, qué
maestría!
Es increíble que el animal tenga tanta sabiduría,
cómo le esquiva de todas las barreras.
Le hace seguro su caminar, es su centinela,
está siempre pendiente a él, no se aparta de su vera,
son dos vidas paralelas.

A una intervención quirúrgica se sometió,
mientras estuvo ingresado el perro de la puerta del hospital no
se movió.
Le llevaban comida y agua, pero en esos días apenas comió,
triste y desolado esperando que su dueño saliera de aquella
habitación.

Todo el que pasaba se conmovía,
viendo cómo lo esperaba en la puerta su perro guía.
El día que lo vio asomar el perro saltaba y chillaba de alegría,
pero le cambió la cara cuando se dio cuenta de que su dueño veía.
Ya no le hago falta, ya no me va a necesitar se pensaría,
acariciándolo le dijo: de mi familia eres un miembro más,
siempre estaremos juntos, de mi lado nunca te irás.
El perro entendió que no se iban a separar
y muy contento no lo paraba de alagar.
Tengo tanto que agradecerte amigo,
con nada podré pagarte lo que hiciste conmigo;
te estaré eternamente agradecido.
Ahora todos esos lugares recorridos que yo no podía ver, me los
tienes que enseñar
y descubriremos juntos muchas cosas más.

El Torcal nevado

Esta mañana salí a la calle temprano,
miré hacia el Torcal y vi que estaba todo nevado;
con un manto blanco extendido sobre el suelo, así hoy se ha
levantado.

Luciendo su elegancia y su pureza,
desde aquí admiro su valor y su grandeza;
de este paraje natural capricho de la naturaleza.
Yo no puedo dejar de contemplar semejante belleza.

Si tuviera alas me echaría a volar,
volaría errante surcando por el aire sin parar
hasta llegar a la cumbre del Torcal;
para poder de cerca de ese panorama gozar
y respirar ese aire tan puro y tan natural.

El Torcal, este lugar pintoresco que siempre tiene su encanto,
y más, si amanece cubierto por un manto blanco.

En el patio del asilo

En el patio del asilo los abuelos sentados están,
piensan que sus vidas pronto se les van a acabar;
que toda esta larga trayectoria va llegando a la recta final.

Guardan muchas historias que no paran de contar,
unos cuentan las batallas de cuando hicieron el servicio militar;
otros a lo que se dedicaban cuando estaban en edad de trabajar;
otros están menos acordes y casi nada recuerdan ya;
algunos hablan de cuando sus niños eran chiquitillos,
o de cuando nació su primer nietecillo.

También recuerdan lo que han trabajado, entregados de lleno,
¡cuánto añoran ese pasado!, ¡cuánto lo echan de menos!

Sus vidas no fueron fáciles, tienen un largo recorrido
de caminos empinados y veredas de espinos.
Trabajando casi desde que echaron los dientes,
regando la tierra con el sudor de su frente.

Después de una cruzada valiente por la vida, han ganado miles
de batallas
y siempre han estado ahí dando la talla.

Cuántas y cuántas historias,
cuántos recuerdos se les vienen a la memoria.

Siempre cavilando en el pasado,
pero ya están muy cansados.

Algunos no pueden ya ni caminar,
por eso con el dolor de su corazón se han tenido que resignar;
con mucha pena dejar sus cosas, irse al asilo y abandonar su hogar.

Somos pasado, somos olvido, una lágrima resbala
por los profundos surcos de sus caras.
Aunque están bien asistidos,
están muy limpios y bien comidos,
con ellos son muy benevolentes;
pero echan de menos sus cosas y el calor de su gente.

Pero bueno, tienen sus visitas y allí han hecho amigos.
Entre ellos se apoyan, se consuelan y también pasan buenos ratos
en el patio
del asilo.

Hermanas de distinto color

¿Cómo siendo hermanas no tenemos el mismo color de piel
las dos?
Tú naciste de mi vientre, ella de mis senos se amamantó;
sois hermanas de leche y también de corazón.

Un día en una embarcación llegó,
la habían rescatado de una patera; su madre en el parto murió.
Pidieron por unos días una madre de adopción.
Yo me ofrecí voluntaria y de mis senos os amamanté a las dos.

Está muy débil, con la leche materna puede que sobreviva,
y para mí no hay nada más satisfactorio que haberle salvado la vida.
Vinieron los servicios sociales a ver cómo estaba;
les dije que totalmente recuperada
y que la adoptaba.

Las dos en mi regazo, qué grande es este amor,
que no me doy cuenta siquiera que sois de distinto color.

Tú naciste en un hospital rodeada de médicos y enfermeras,
ella nació en alta mar, en una vieja patera.
Tú eres afortunada, vives en un país que hay paz en la tierra,
ella venía del suyo huyendo, porque solo hay miseria, pobreza
y guerra.

Vienen de tierras extrañas buscando un mundo mejor, allí no
hay recursos, no tienen derecho a nada;
sin edad ni uso de razón trabajando como esclavas.
Esas son algunas de las razones por las que jugándose la vida,
sin pensárselo dos veces a alta mar se tiran.

En homenaje a mi padre

Hoy quiero homenajear a mi padre, un ilustre agricultor
que a la tierra tanto le aportó.

Le amanecía en el tajo
y volvía por la noche;
¡qué duro era ese trabajo!
No pudo ir a la escuela, la vida no le dejó,
desde que era un niño trabajando de sol a sol.
Trabajando a la intemperie hiciera frío o calor,
echando más horas que un reloj.

Todo el trabajo a mano se realizaba,
si era arando con una yunta de mulos,
hasta llegar a la punta de la besana;
o sembrando, o escardando,
o segando, o barcinando.
Cuando estaban las gavillas en la era, la parva
había que trillarla,
por cierto, me montaba en el rulo y a mí me encantaba.
Después había que aventarla
para sacar el grano,
trabajo duro para realizarlo a mano.

Luego se echaba un costal de garbanzos,
o de trigo, o de lo que fuera a la espalda;

o una saca muy grande de paja,
que terminó con ella destrozada.

Si era cogiendo almendras o cualquier trabajo a pleno sol,
la tierra era regada con su sudor;
y si era con mucho frío pues igual.
Cogiendo aceitunas a uno o dos grados con mucha "rociá",
todo lleno de escarcha, las manos congeladas;
manos encallecidas y agrietadas.
Muchas horas de trabajo muy mal pagadas.

Muy duro el trabajo del campo
y después de dar de mano,
a la casa se tenía que venir andando
si el mulo venía cargado.
He de imaginar cómo llegaba de cansado.
Y como decía él:
el trabajo del campo nunca se puede perder,
porque el campo es el que nos da de comer,
y siempre muy orgulloso de su profesión estuvo él.
El pan sale del campo, el aceite, los frutos, repetía una y otra vez.
Quiero reivindicar,
que eso es verdad,
y lo poco valorado que estaba este trabajo y está.

Yo recuerdo cuándo venías del trabajo,
me gustaba buscar en tu talega para ver qué te había sobrado,
y con lo poco que llevabas,
tú siempre algo te guardabas

para que yo me lo encontrara,
porque sabías que encontrar algo me gustaba.
Fue experto en su profesión y muchas horas que echaba,
para que a mí nada me faltara.

Son tantos recuerdos los que tengo presentes, mis primeros pasos
contigo los di,
mis primeras letras, mis primeros números, contigo los aprendí.
Fuiste mi maestro, me enseñabas tu sabía filosofía,
era tu niña, tu consentida, cuánto me querías.
Me inculcaste los valores que definen mi vida hoy día,
me enseñaste a valorar las cosas, a respetar a los demás
y caminar de frente con la cabeza "levantá".

Cuántos recuerdos pasan por mi mente,
aquellos cuentos que me contabas, aquellos juegos que me
enseñabas siempre los tengo presentes;
aquellas historias que me contabas una y mil veces .
Fue pasando el tiempo,
disfrutaste mucho también de tus nietos,
que tanto los querías;
¡cómo los consentías!
Aun siendo joven enfermaste del pulmón,
y el tabaco que nunca lo dejaste, cada vez iba a peor.
Entre eso y los desgarros que la vida te causó
fuiste perdiendo fuerzas, se fue apagando tu vida,
como una vela encendida.
Vacío se quedó tu sillón
y vacío se quedó también mi corazón.
¡Qué vacío dejaste tan grande, padre!

Hoy voy a ser yo la musa
de mi poesía

Hoy doce de marzo cumplo un año más
para mí es que no se me nota, estoy casi igual;
o al menos eso es lo que tengo que pensar.
Cumplir años es obligatorio, envejecer es opcional.

El cumplir años no te hace más mayor,
te hace más fuerte, te hace más sabio, así lo denomino yo.

A lo largo de esta trayectoria, son muchos desafíos los que me
impuso la vida,
son muchas experiencias las que llevo vividas.

A veces he remado a favor, a veces a contracorriente
y de los errores que pudiera cometer, de ahí me viene la sabiduría
del presente.

Del pasado me queda esa melancolía,
unas veces se me cerraba el camino,
otras se me abría;
unas veces un cielo nublado,
otras el sol resplandecía,
pero los suspiros que se los lleve el viento,
que yo me quedo con los buenos momentos.

En mi corazón encierro este paso del tiempo por la vida,
momentos que nunca se me olvidan.

Hoy cumplo una cifra importante, hoy cumplo "cuarentidiez"
y aún, me queda mucho por hacer;
me queda mucho por aprender
y seguir disfrutando de los míos, que ese es el mayor placer.

Gracias a la vida por darme la oportunidad
de cumplir un año más.

La historia del mendigo

Casi descalzo y sin ropa para el frío,
en la calle y sin un techo que le dé cobijo.
De verse así no sé cuál será el motivo,
sea cual sea no posee nada el mendigo.

Todas sus pertenencias las lleva en un morral a la espalda; un abri-
go, una mantilla vieja y un cartón doblado que le sirve de cama;
el pelo por la espalda, la barba le cubre la cara,
vagando va por ahí y se refugia en el puente de la Gamara.

Todos los días un chiquillo pasa por el puente,
se acerca al mendigo, le deja comida caliente
y sin mediar palabra, se da la vuelta y se marcha de repente.

Al mendigo cada vez el chiquillo más le llama la atención,
se pasa las horas mirando al sol que le sirve de reloj.
Todos los días espera al chiquillo con ilusión.
El mendigo y el chiquillo van entablando conversación.

Le pregunta: ¿por qué me traes comida, por qué vienes a
buscarme?
El chiquillo le responde: a mí me manda mi madre,
pero ella me encarga que le deje la comida y me marche.

¿Quién eres, quién son tus padres?
Yo vivo solo con mi madre.
De mi padre me contó,
que lleva su nombre tatuado, que fue su gran amor,
pero cuando aún no sabía de su embarazo sola la dejó;
marchándose con un nuevo amor.

La cabeza cabizbaja, se le hizo un nudo en la garganta,
las lágrimas se le escapan.
Fui un cobarde, no tengo perdón,
ese mala sangre que le hizo tanto daño, fui yo.
Me vi perdido, me refugié en el alcohol
y ese fue mi mayor error, esa fue mi perdición,
eso fue lo que me llevó a esta situación.

El niño también se sorprendió, puede ser mi padre, pensó.
Descubre tu rostro, ve a buscarla, pídele perdón,
que ella va a perdonarte porque nunca te olvidó.

El mendigo pensativo se quedó,
se cortó el pelo, se lavó y se afeitó.
Cuando descubrió su rostro,
mirándose al espejo se asombró,
ese chiquillo tiene la misma cara que yo.
Y fue en busca de la madre, la cual lo perdonó.

La música

Yo no sé vivir sin la música, yo no sé vivir sin una melodía;
soy adicta a ella, la tengo siempre presente, ella me alegra mi día
a día.

La música, una nota mágica, el disfrutar de una canción.
Un poeta se inspira, despierta la pasión,
esa nota mágica que me llega al corazón.

La niña del *quad*

Ya se veía venir, Alicia desde chica por las ruedas y por los mo-
tores tenía pasión,
no pedía muñecas, pedía una moto, un coche o un camión;
jugaba con un camión en la arena,
con un coche o una moto teledirigida; lo suyo eran las ruedas.
Tenía las piernas llenas de cardenales de la bicicleta,
porque hubo que quitarle las ruedas chicas, ella no quería una
patineta.

Quería seguir aumentando la flota, ya quería un *quad*,
lo quería de batería para poderse montar.
Se volvió loca cuando los reyes le trajeron uno de *spider-man*,
que también le gustaba a ella por demás.
Ese se le quedó chico, ya quería uno más grandecillo de gasolina,
con ese quemaba más adrenalina.
También una moto pequeña de dos ruedas le compró su hermano,
y aparte por lo más llano;
la iban enseñando a conducir el *quad* grande su padre y su hermano.
Les hacía mucha gracia que la niña sin edad,
hay que ver cómo manejaba el *quad*;
pero conforme iba creciendo, ya no quería el chico ya quería el
grande y cogerlo ella sola.
Ya no hacía tanta gracia cuando trasponía por esas lomas,
ella sale acelerando
y yo me quedo temblando:

por cortafuegos, por carriles, por arroyos va flipando,
o en circuitos echando tierra para atrás derrapando.
Le encanta salir de ruta con los compañeros,
de niña va ella nada más,
por eso la llaman: "la niña del *quad*",
y yo me quedo con el alma en vilo hasta que la veo asomar,
y más que ya tuvo un percance, pero gracias a Dios no le pasó "ná".

Alicia no es muy juerguista, no es mucho de salir,
pero se pone su traje de motera, sus botas, su casco y en lo alto
del *quad* es la niña más feliz.
También por los coches siente una gran afición,
coge el mío y lo maneja mejor que yo,
las ruedas es su gran pasión;
bueno aún conserva los coches y las motos de juguetes en su
habitación,
esa es su decoración.
Para gustarle, le gusta hasta la mecánica, cualquier cosilla que se
le avería le hace ella misma la reparación.
Dice que los vehículos son su devoción,
bueno y dice que no descarta verse conduciendo hasta un camión.

Tengo que decir que tiene más aficiones también,
le gusta mucho cantar y lo hace muy bien;
es "verdialera", desde pequeña está en una pandilla,
ella va tocando su guitarra.
Tengo que destacar que siempre ha sido una niña muy responsable,
desde pequeña ya cuidaba de sus sobrinos que eso también es
destacable;

está estudiando, es buena hija, buena hermana, buena tía, buena
amiga, es adorable.
Pero yo este poema se lo escribo porque sé que le hace ilusión,
no porque me cree inspiración.
A mí lo que me crea cundo sale con el coche, o con el *quad,* es
pavor,
aunque conduce muy bien, tengo que reconocerlo,
pero las cosas de las madres, por todo siempre padeciendo.

Le escribo

Desde que descubrí este bonito mundo de las letras,
ya siempre tengo a mano una libreta.

Le escribo a la vida, con cosas que surgen a nuestro alrededor,
poemas que me salen del corazón.
Lo mismo le escribo al campo, que a los mayores, a los hijos, al
amor o al desamor.
Historias relevantes cotidianas en forma de rimas es lo que es-
cribo yo;
un espejo en el que seguro te verás reflejado en alguna ocasión.
Unas pueden servirte de ejemplo, otras te pueden ayudar,
otras a ver las cosas de otra manera, pero seguro que con alguna
te identificarás;
todas están escritas con sensibilidad.

Lo mismo en mi primer libro, *Un reflejo de la vida*, que en *Historias
que te harán sentir*, vivirás una lluvia emocional.
Espero que compartan conmigo este viaje por la realidad,
y os llegue al corazón;
que eso es lo que quiero yo.
También a todos mis lectores les voy a decir,
que gracias por haber confiado en mí,
con *Un reflejo de la vida* y espero que lo vuelvan a hacer con
Historias que te harán sentir.

Los hijos, lo más grande

Hablar de un hijo
es hablar de lo
más grande del
mundo.

Incondicional el
amor que
sientes por ellos.

Jamás existirá
algo que se les
pueda igualar.

Ojos que solo ven
para ellos.

Siempre en alerta
con tus hijos.

Desde que son engendrados, desde el primer momento de
gestación,
ya sabes que van a ser tu gran amor.
Y vas contando los días, las semanas, los meses, los esperas con
mucha ilusión.

Hasta que por fin llega la hora, llegó el más bello de los momentos,
sentimientos inexplicables, algo que sale de tus entrañas, algo que
sale de tus adentros.
Llega como un rayito de luz a colmarte de felicidad,
lo más grandioso que la vida te puede dar.
No hay nada más inmenso, no hay nada que se les pueda igualar.

Aunque ahora ardua tarea a la que se someten los papás,
sin experiencia y sin libro de instrucciones se tienen que enfrentar.
Intentando hacer lo correcto,
para que el arbolito crezca derecho
y el día de mañana sean hombres y mujeres de provecho.

Aun haciéndolo lo mejor posible, puedes equivocarte en cual-
quier momento,
hay que sujetar las riendas, aunque también hay que soltar el
cabresto.
Les tienes que dar y también les tienes que retar,
no te puedes dejar manipular.
No puedes ser autoritario, pero sí tener autoridad,
darles responsabilidades, aunque unas veces sea de arena y otras
de cal,
que luchen por lo que quieren les tienes que inculcar,
que caminen de frente con la cara "levantá".

De la mejor manera los quieres orientar,
¡qué difícil es el papel de los papás!
La asignatura más difícil que la vida te puede dar.

Los hijos te dan muchas satisfacciones,
pero también te dan muchas preocupaciones,
por ellos vives, por ellos te desvives,
ellos son tu desvelo,
ellos son para ti lo primero,
y como decimos las madres,
hijos pequeños, problemas pequeños, hijos grandes, problemas
grandes.

Aun así es lo más importante que la vida te puede dar,
es el mayor de los tesoros, con nada se puede igualar,
de tu corazón ellos son el palpitar;
la luz de tus ojos, el motivo de tu caminar.
Es un amor tan grande que no hay palabras en el mundo para
poderlo explicar.

Se siente algo tan desmesurado,
que siempre quisieras tenerlos a tu lado.
Para un padre y una madre,
no existe en el mundo nada más grande.

Málaga

Hoy quiero dedicarte, Málaga,
estas cuatro palabras.

Cuando el sol asoma por el horizonte,
en Málaga se recrea, reflejándose en el mar e inclinándose hacia
los frondosos montes.

Málaga, tierra de viñas, de almendros y de olivos,
de encinas, alcornoques y pinos,
de campiñas, de huertas y de cultivos.

Málaga por los ciento tres hijos predilectos que custodia se siente
muy "arropá".
En Málaga se respira el aire puro de la sierra y la brisa del mar,
olas de espuma blanca y de sal;
rompen en la orilla que a Málaga vienen a besar.
A esta belleza,
también la baña el río Guadalhorce y el Guadalmedina por vo-
luntad de la naturaleza.

Un barquito pesquero ha salido a faenar antes de que llegara el día,
va dejando la estela por el extenso mar y el faro le sirve de guía.

Málaga costa del sol, playas de arena dorada,
que por muchos turistas es visitada.

Málaga los acoge en su regazo y les da cobijo al forastero,
al pobre, al rico o al extranjero.

En Málaga hasta un día de taró el sol en salir pone empeño,
porque hasta el sol se siente malagueño.

Es que en Málaga hay mucho arte, hasta el café se pide de una
manera especial,
una nube, un sombra, un solo, un corto, un largo o mitad.

En Málaga, se lleva bien hasta un día de terral;
con una cerveza fresquita en la terraza de un bar,
o en un chiringuito,
con espetos de sardinas y pescadito frito;
o anda que el plato de los Montes no está bueno;
las papas fritas, el chorizo, los pimientos, el lomo y el huevo.

Si quieres dar un paseo por Málaga, yo te llevo,
por el Perchel, Gibralfaro, por puerta oscura, por calle Larios, o
por el parque hasta llegar al Cenachero,
por el puerto, por el paseo, la farola o por el muelle a ver un
barquito velero.

También algunos monumentos te puedo enseñar,
el teatro romano, el Museo Picasso, la Alcazaba, el Castillo o la
Catedral.

Si te vienes en feria tienes asegurada la diversión,
si es por el carnaval, también hay mucha afición

y si es en semana santa sí que hay devoción,
se vive intensamente esta semana de pasión.

Es que en mi Málaga la bella hay mucho que ver,
hay mucho que hacer,
no te lo puedes perder.

En tu provincia nací,
en tu provincia crecí,
si volviera a nacer y me dieran a elegir,
sin duda alguna te elegiría a ti,
porque no hay mejor sitio para nacer,
que en la tierra que me dio a mí el ser.

Lo mejor del mundo España, lo mejor de España, Andalucía,
lo mejor de Andalucía, Málaga, la tierra donde yo nací, vaya
suerte la mía.

A mí de orgullo me llena,
haber nacido en mi Málaga la bella.

Yo este poema lo voy a culminar,
dejándome muchas cosas detrás,
pero es que para ponerlo todo nunca lo podría acabar,
porque es que mi Málaga es muy especial.

Mercaderes

¡Qué dura es la vida de los mercaderes!, día tras día
deambulando de un mercadillo a otro pregonando su mercancía.

A la intemperie, haga frío, llueva o haga calor,
están montando sus puestos antes de que salga el sol.
Sin puertas ni ventanas, por una loneta están cubiertos,
con eso se resguardan, eso les sirve de techo.

Pregonando su mercancía,
"venga nena lo mejor en lencería",
siete pares de calcetines diez euros, "para que tengas para cambiarte todos los días".

Gangas al mejor precio, moda y calidad,
no pasad de largo, párense y preguntad.

Utensilios de cocina, menajes del hogar,
bolsos, complementos, perfumería, todo los enseres que quieras
buscar.

De la huerta a la mesa; tomates, pimientos, cebolletas,
zanahorias, berenjenas, calabacín, todo lo mejor para la dieta.

Plátanos, naranjas, limones, aguacates o pomelos,
manzanas, fresas y melones, dulces como el caramelo.

Y cuando pasas por el puesto de las flores, hay un olor que
trasmina,
a rosas, a lirios, a claveles y a clavellinas,
este puesto huele a flores
de mil colores.

El bullicio de la gente, el alboroto, esa algarabía,
que nunca se pierda esa tradición que hay en los mercadillos
cada día.

Mis tres amores

Ellos son mis tres amores,
ellos mis días grises, me los pintan de colores.

Ellos en mis noches oscuras
me encienden la luna.

Ellos me cambian mis días de tempestad por suave brisa,
con tan sólo ver en sus rostros una sonrisa.

Ellos a mi silencio le ponen melodía;
ellos son mis hijos, los que me llenan de amor y de alegría.

Mujer de mil batallas

Duras como una roca, fuertes como una barra de acero,
así son las mujeres del mundo entero.

Luchan contra viento y marea con las fuerzas de un huracán,
a contracorriente en alta mar,
ellas son capaces de naufragar.

Por donde pasan dejan estela, como deja el barco en los mares
del sur,
o los aviones dejan en el cielo azul.
Son puras y transparentes,
como el agua cristalina de la fuente.

Mujer de mil batallas,
las que todo se lo guardan, las que todo se lo callan
y por muy mal que estén no exteriorizan nada;
mujer guerrera, mujer valiente, mujer coraje, siempre aguantando
la carga,
para que los palillos del sombrajo no se caigan.

Pero la mujer tiene una parte débil que puede quebrantar,
esa parte débil es la sensibilidad;
porque a la hora de amar, aman más,
a la hora de sentir sienten más,
a la hora de sufrir sufren más.

Las mujeres son capaces de germinar en su vientre una semilla,
alimentarla con su sangre,
contar nueve lunas y convertirse en madres;
ahí sí que afloran los sentimientos, ahí sí que son implacables.

La mujer tiene la capacidad de ser maestra sin haberlo estudiado,
doctora sin tener ningún doctorado,
mujer defensora sin ser abogado.

Mujer trabajadora, mujer luchadora, mujer educadora, mujer
cuidadora, mujer de mil batallas.
Por todo eso y más, necesitamos ser amadas,
ser respetadas y sentirnos apoyadas.

Nana

Ea, ea, mi niño tiene sueño porque ya es muy tarde,
un ojito se le cierra y el otro se le abre.
Su madre le canta una nana, se la canta con dulzura,
mi niño va a dormir acostadito en su cuna.
Las estrellas lo contemplan, lo contemplan con ternura,
por la rendija de la ventana para también contemplarlo se cuela
la luna.
Duérmete mi vida, duérmete mi ser,
con tu piel de canela y tus ojitos de miel.
Un pajarillo bajito le canta para no hacer mucho ruido,
que no se despierte mi niño, que ya se ha dormido.
A la nana nanita, a la nanita nana,
mi niño se duerme hasta por la mañana,
y un angelito del cielo sus sueños guarda.

No era más que un barco de papel

No forcemos más la situación,
vamos navegando contracorriente, estamos perdiendo el timón.
El barco en el que navegamos no es más que un barco de papel,
no puede soportar más tempestades, en uno de esos vaivén
se va a terminar de romper.

Los sueños construidos se han ido a pique, hemos perdido el
rumbo,
hay que decir un no sin reproches, un no rotundo;
satisfechos de haberlo intentado, aunque fuera sin rumbo,
feliz del tiempo que navegamos por los mares profundos.
Pero hay que entender,
que estábamos navegando en un barco de papel.

No es justo

Paseando por una calle vi a un hombre llorando,
me acerqué y le pregunté: "¿te pasa algo?"
Me dijo: "Estoy contemplando aquellos chiquillos que en el
parque están jugando,
por infamia no me dejan ver a mis niños, usted no sabe lo que
estoy pasando.

Mi ex me acusó de que le había levantado la mano, y eso es
incierto,
pero sí me han puesto una orden de alejamiento.
Yo no sé qué tiene en mi contra, si es ella la que me ha dejado
en la calle con lo puesto.

Yo me puse a trabajar sin edad,
para construir mi propio hogar,
a mí a la calle me han echado
y ella en mi casa está viviendo con un novio que se ha buscado.
Ese fue el motivo de la separación
y encima a ella el juez le ha dado la razón.
Pobre muchacho, me partió el corazón.
Yo sé que los matrimonios de ahora efímeros son,
pero arreglar las cosas con mesura por el bien de los dos,
y más habiendo niños de por medio que le destrozáis el corazón.
Yo con las injusticias no puedo, lo mismo que en mi primer libro
le escribía a la mujer maltratada, en este le escribo a los hombres,

porque hay también hombres maltratados, si no es físicamente es psicológicamente.

Ninguna persona independientemente del sexo merece ser maltratado, porque no me digáis que el caso de este chico no es un caso de maltrato psicológico.

Noche en el hospital

Hay que escribirle a todo, a lo bueno y a lo menos bueno.
Cómo pasa cada gota de suero lentamente por mis venas, se me
pasan las horas en este hospital,
postrada en esta cama sin poder conciliar el sueño y sin poderme
levantar.
A una intervención quirúrgica he sido sometida,
aunque no es un lugar agradable pero me han quitado mis varices
y he estado asistida.
Ahora ya en casa, cuidada y mimada por mi familia querida,
a recuperarme poco a poco, esto será cuestión de algunos días.

Otro año más de casados

Nos conocimos siendo tan solo unos niños
y fue un flechazo entre los dos.
Cartitas iban y venían
desde tu casa a la mía,
cartitas de amor.
Fuiste mi amor primero, fuiste mi único amor.
Al cabo de "taitantos" años aquí seguimos juntos los dos,
seguimos de la mano superando las adversidades del camino,
y que sigamos muchos años más los dos unidos,
que quiero seguir amándote y pasar toda mi vida contigo.

Padres separados

Por la calle abajo van cogidos de la mano,
a pasar el fin de semana con su padre va una chiquilla y su her-
mano,
que les toca pasarlo con él porque sus padres están separados.

Eso de ir de un lugar a otro no lo tienen claro,
ellos no entienden muy bien la situación,
se preguntan por qué tiene que ser así, por qué no pueden vivir
con los dos.

Se despiden de uno para irse con el otro, con tristeza,
son pequeños y por más que les expliquen no les entra en la
cabeza.

Contadle que el amor que os unía el tiempo lo borró
y ese fue el motivo de la separación,
que la culpa no es de ellos, que es de vosotros dos,
y que ellos son el fruto de aquel amor.

No le habéis mal el uno del otro que los matáis de dolor,
por el bien de ellos entre vosotros debe de haber una buena
relación
y no ponerles aún más difícil la situación.

Pequeños héroes

Cuando te dice un señor con una bata blanca,
de qué determinada enfermedad se trata;
te dicen que es una mala enfermedad,
y que mucho tiempo va a tener que pasar en el hospital,
hasta que se llegue a curar.

Sus padres destrozados, rotos tienen el corazón,
se les ha borrado la sonrisa de sus labios, para ellos ha dejado de
brillar el sol.
Viven en la incertidumbre, rogándole al señor,
sin embargo, tienen que ser fuertes, luchar contra viento y marea
y no demostrarles su dolor.

¡Qué sufrimiento más grande,
por el que están pasando esos padres!
Cuántas veces se dicen, ¿por qué no me ha pasado a mí?
Que mi niño es muy chico para tanto sufrir.

Cómo le explican a su niño para que lo pueda entender,
que a un duro tratamiento se tiene que someter;
que su pelito se le va a caer,
que le espera un largo camino,
empinado y lleno de espinos.

En el patio del colegio charlando con los amigos está,
aunque ellos ajenos están a la mitad,
le dan ánimo, le dicen, tienes que ser fuerte, estamos todos con-
tigo, te vas a curar.

Por este trance ningún niño debería pasar,
y sin embargo son muchos los que luchan con esta enfermedad,
hay muchos niños que están empezando a vivir
y sin edad ya saben lo que es sufrir.

Estos héroes valientes la batalla van a ganar, ellos son fuertes, son
guerreros,
qué guapos están con sus gorrillas y pañuelos,
que pronto van a cambiar por sus matas de pelos.

Todo pasará,
todo quedará atrás,
en mujeres y hombres se convertirán,
y solo tendrán un recuerdo lejanos de esa maldita enfermedad.

Poesía

P alabras escritas con sentimientos en una hoja en blanco deján-
dose llevar por la imaginación.

O jos soñadores en *com plot* con el corazón que ven más allá de la
realidad.

E scribir libremente los versos que te dicte el alma.

S entimientos reguardados dentro del corazón del poeta.

I nquietud que siente un poeta por plasmar las letras para lanzar
al viento bellas poesías.

A mor por las letras siempre inquietas, siempre en alerta, amor
por ese sentimiento que llevas dentro.

Quien pudiera volver

Quién pudiera volver a aquellos tiempos del ayer,
quién pudiera volver a ser niña otra vez.

Quién pudiera volver a creer en aquellos cuentos de hadas,
que mis padres me contaban antes de irme a la cama.

Quién pudiera sentir de nuevo,
el calor de los brazos de mis abuelos
y lo contenta que me ponía cuando me traían un puñado de
caramelos.

Quién pudiera quedarse de nuevo dormida
escuchando el cuento de *Caperucita roja*, *Los siete cabritos y el lobo*,
o *La ratita presumida*.

Y también *La cenicienta*, *Blanca nieves*, *El cuento de la lechera*,
volver a aquellos tiempos, quién pudiera.

Heidi, Marco, *La abeja maya*, Pipi o *La casa de la pradera*,
eran algunos de los dibujos animados y series de televisión de
aquella era.

Cuando salía *Casimiro* te tenías que acostar,
"vamos a la cama hay que descansar, para que mañana podamos
madrugar".

Quién pudiera cargar con los libros, salir al recreo, quién pudiera
volver al colegio otra vez;
jugar a la rueda, a la comba, al elástico y a todos aquellos juegos
de mi niñez.

Aunque juguetes apenas había,
con cualquier cosa te entretenías,
mi primer teléfono fue dos vasos de yogur con una cuerda que
los unía,
esa era la tecnología.

A aquellos tiempos de nuevo quisiera volver,
a tener las rodillas "solladas", a meterme en los charcos y mo-
jarme los pies;
a tener que guardar dos horas de digestión, después de comer,
a cuando me decían mis padres tienes que volver
antes de que el sol vaya a trasponer.
A cuando nos sentábamos toda la familia alrededor de la mesa
camilla,
eso sí que era una maravilla;
a cuándo se bebía de Las Cañadas, de los arroyuelos o de la fuente,
se decía "el agua corriente, no mata a la gente".
Aunque había pocos recursos, cuánto daría por volver,
a aquella época otra vez.

Esos recuerdos tan entrañables en mi mente están
y jamás los podré olvidar.
Recuerdo con añoranza,
todo eso que yo viví en mi infancia,
y como decía Heidi, voy a decir:

"Abuelito dime tú, por qué, dime por qué, en aquellos tiempo
era tan feliz".

Puede que muchos de los que estén leyendo esto no lo conozca
y hasta mentira les parezca,
pero así viví yo mi infancia, en la década de los setenta.

Escribiendo este poema he sentido una gran emoción,
he sentido que volvía de nuevo a los momentos más gratos de
mi infancia.
Y hasta se me ha acelerado el corazón.

Saco roto

Yo todo te lo di y así me lo has pagado,
me dices que te perdone que no sabes qué ha pasado,
si es que el amor se te habrá acabado,
pero lo nuestro hasta aquí ha llegado.

Cómo has podido olvidar todo lo que viviste junto a mí,
cuando me decías que yo lo era todo para ti,
que conmigo eras el hombre más feliz.

Aquellas noches oscuras mirando a las estrellas,
me decías que yo brillaba más que todas ellas,
que de todo el universo, yo era la más bella.

Me has robado el alma, la ilusión, me has dejado el corazón herido,
todos aquellos sueños quedaron en el olvido,
y tantas y tantas promesas que no has cumplido.

Yo en una maleta guardaba todos mis sueños y no me equivoco,
tú lo ibas echando en un saco roto,
se fue derramando, por eso esto duró tan poco.

Se casa mi niño

Los nervios me comen, la lista de boda, liada con todos los pre-
parativos,
es que se casa mi niño y todo esto es muy relativo.
Después de un tiempo de amor y felicidad
han decidido que se van a casar.

Me pongo a dar vueltas por la sala,
mirando su traje que está planchado en lo alto de la cama,
se va acercando el momento que tanto anhelaba,
ya mañana se vestirá de gala.

Luce radiante este galán,
va hecho un pincel, mi niño qué guapo está.
Yo le arreglo la chaqueta, su padre el nudo de la corbata,
no se puede contener la emoción y una que otra lagrimilla se
escapa.
Y es que no existen palabras para expresar estos sentimientos,
que se sienten en estos momentos.

Mi hijo del alma, lo que yo más quiero,
muy orgullosa de mi brazo lo llevo
a entregárselo a su amada, que hoy van a darse el sí quiero.
Orgulloso a ella también la trae su padre del brazo cogida,
a entregar a su doncella, luce radiante, qué guapa viene de novia
vestida.

Ya se han unido vuestras vidas, vuestros sueños se ha hecho
realidad
y una nueva etapa juntos vais a comenzar.
En vuestras caras se refleja la felicidad,
estáis hechos el uno para el otro, la pareja ideal.

No se puede pedir más, qué momentos tan emotivos,
rodeados de familiares y de amigos.
Que he ganado una hija yo a la chiquilla le digo
y que siempre la voy a querer como ella quiera a mi hijo.

En este camino que juntos vais a emprender os voy a desear
lo mejor del mundo y
que perdure para siempre esta felicidad.

Se lo llevó el viento

Bajo un cielo de nubes de algodón
me juraste amor eterno y el viento se lo llevó.

Tú siempre me prometías
un mundo de colores y fantasía,
que también el viento se lo llevaría.

Todo se lo llevó el viento, así es la vida,
se prometen las cosas y luego se olvidan.
Yo te entregué mi vida entera, todo te lo di,
por ti me desviví,
y tú me lo pagas así.

Yo te tenía por una gran persona
y cuando más te necesitaba vas, y me abandonas.
Ya sequé mis lágrimas, ya cubrí mis ojeras, ya no lloro más por
ti, que no vales la pena.

No quieres darle tus apellidos al hijo que me va a nacer,
tranquilo yo le doy los míos, que sin ti no va a padecer,
será solo mío por la ley,
haré que sea feliz y vivirá como un rey.

A mi lado nada le va a faltar,
por él lucharé, lo educaré, lo cuidaré y lo tendré en un pedestal.

Si algún día me pregunta por su padre, le diré: "tú no tengas sentimientos,
yo haré de madre y padre, que a él se lo llevó el viento".

Y si algún día te arrepientes, no cuentes conmigo,
que yo jamás en la vida volveré contigo.

Son cobardes

El que levanta la mano a una mujer,
no es hombre, ni bien nacido, ni tiene lo que tiene que tener.
El que le levanta la mano a una mujer,
a ese cobarde miserable las manos se le tenían que caer.

¿Quién eres tú?, no tienes ningún derecho a pegarle,
piensa que una mujer es tu madre
y que eso de la tierra es lo más grande.
¿Y si fuera a tu hija a la que están maltratando,
y que lágrimas de sangre estuviera derramando?

Ninguna mujer merece que le ahoguen su despertar,
ninguna merece que le corra el rímel por su rostro, ninguna
mujer merece llorar;
tampoco merece que para ella no brille el sol,
ni caer en las garras de ningún maltratador.

¡Basta ya de dominio!,
basta ya de violencia machista, basta ya de martirio,
¡basta ya!,
no es tuya, no te pertenece, déjala ser libre, déjala volar
y no la vuelvas a maltratar.

Su cama vacía

La vida va a un ritmo trepidante y mi niña se me ha hecho mayor.
Empieza una nueva etapa, ha subido otro escalón,
de ello dependerá el día de mañana su profesión;
se ha ido a prepararse, se ha ido a estudiar,
se ha apartado de mí, se ha ido a la ciudad.

Yo sabía que este momento llegaría,
pero es la primera vez en 19 años que te vas de la vera mía.
Aunque te has ido a estudiar y a prepararte en la vida,
no lo puedo evitar, aflora en mí la melancolía.

Cómo se nota tu ausencia, qué me cuesta ver tu cama vacía,
cómo echo en falta nuestras cosillas, nuestras tonterías,
qué difícil se hace el día a día.
Cuánto echo de menos tus cosas, tus cantiñas,
qué vacío más grande, cómo te extraño mi niña,
qué duro el momento.
Cuando cierro la puerta de noche y tú no estás dentro
solo deseando que llegue el fin de semana
y que amanezcas de nuevo en tú cama.

Desearte en este proyecto toda la suerte del mundo,
que te vaya muy bien y aproveches al máximo cada segundo.

Sus ojeras moradas

Llamaste a mi puerta un día,
te empeñaste en arrancar la flor,
te llevaste lo que yo más quería,
ella de ti perdidamente se enamoró.
Tú juraste que siempre la amarías
y lo que hiciste fue causarle dolor.

Hija, dime por qué tienes las ojeras de color lirio "morao",
Dime si te está pegando ese "desgraciao",
no ocultes más tus heridas y apártalo de tu "lao";
que no te pida perdón,
ni te diga que lo siente que ha perdido la razón
y mañana sales a la calle diciendo que te has dado un golpe por-
que tienes otro moratón.

Si es que la has dejado de querer,
¿por qué no me la devuelves intacta como yo te la entregué?,
que no es hombre, ni bien nacido el que le pega una mujer.
¿No ves que no hay brillo en su mirada, no ves sus ojeras moradas,
cómo puedes ser tan cruel?
Si le levantas la mano otra vez;
busca un rincón donde poderte esconder,
que si no toma medidas el señor juez,
yo por mi cuenta las tomaré.

Porque no es una marioneta que a tu antojo puedas manejar,
es un corazón lleno de heridas y cicatrices que jamás se le bo-
rrarán.
Yo no sé cómo esto va a acabar,
si se me pone delante ese criminal,
no sé si me podría controlar.

¡Ay, si a mí me dejaran...!
No habría pañuelos en el mundo para que tus lágrimas secaras,
ibas a derramar tú muchas más que las que ella lleva derramadas,
malnacido, cobarde, ¿dime qué harías tú si a una hija tuya le
pegaran?

Una madre

Una madre, la que soporta todas las adversidades, tú que en tu
vientre llevaste a la criatura
durante nueve lunas.
Tú que soportas en tus adentros,
todo el tiempo ese peso,
sufres los dolores de parto hasta que das a luz,
eso solo lo haces tú.

Tus brazos cálidos le sirven de manta;
de tus pechos le amamantas,
no hay amor más grande,
que fluya por las venas que el de una madre.

Entrega incondicional,
como una madre no hay "ná".

A una madre no hay nada que se le iguale,
una madre todo te lo da a cambio de nada.
Una lucha continua sin tregua, sin parada,
la que por ti sufre, la que por ti se desvive,
la que solo para ti vive.

Tu felicidad es la de ella,
la que por ti vela;
la que a ti por completo se entrega.

Eso por ti solo lo hace tu madre,
la que no permite que te roce ni el aire.
No hay amor más grande,
que el de una madre
y aunque la vida da muchas vueltas,
los lazos que unen a una madre con sus hijos nunca se sueltan,
como ella te quiere,
no va a quererte nadie.

Una tarde de verano

Una tarde de verano paseando por la orilla de la playa,
vi como alguien se me acercaba.
Saltó una chispa en mi corazón al cruzar las miradas.

Empezamos a hablar y sentí que igual que un flan mi cuerpo
temblaba,
a él también lo delató el brillo que había en su mirada.
Estuvimos hablando y hablando hasta la alborada,
cada día contando las horas para volvernos a ver en aquella playa.

Empezó a surgir un idilio de amor,
aquella tarde de verano despertó entre nosotros la pasión.
Nos amamos hasta el frenesí, aquella pasión encendida
que mis noches oscuras me las vuelve día.
Las flores de mi jardín siempre están florecidas
envidia nos tiene la luna y envidia nos tiene el sol,
que tiene que haber un eclipse para poder juntarse los dos.

Esta historia en los poetas despierta inspiración,
también despierta en un cantautor,
pero qué pena que el final del verano llegó
y cada uno a su lugar de origen tuvo que volver.
Estamos contando los días para que llegue de nuevo el verano
y volvernos a ver.

Una verdadera historia de amor

Eran muy jóvenes cuando se conocieron,
una tarde de un veintisiete de febrero.
Surgió el amor desde el primer momento en que se vieron
y al cabo de un tiempo se casaron, un veintisiete de febrero.
Iniciaron un camino juntos, un hogar y una familia construyeron.

La vida les ha dado muy buenos momentos,
como el nacimiento de sus hijos, de sus nietos, y sus bisnietos.
Pero también se han encontrado piedras en el camino,
todo lo han ido esquivando, los dos de la mano, los dos siempre
unidos.

Antaño la vida era muy complicada,
carecían de muchas cosas que necesitaban,
pero como podían se las apañaban.

Atrás queda ese pasado,
siguen sumando aniversarios y llevan ya sesenta años de casados.
Toda una vida juntos, en lo bueno y en lo malo,
siempre cogidos de la mano.

No es que sean perfectos,
que también tienen sus defectos,
pero se tienen mucho cariño, mucho respeto,
y ahí es donde está el secreto.

Si empieza a fallar algo,
no se tira a la basura, hay que repararlo;
escuchando, valorando, dialogando, negociando,
perdonando, demostrando su amor a diario,
por eso y por muchas cosas más,
son un matrimonio ejemplar.

Y siguen de la mano cogidos,
diciéndose uno al otro, ardua tarea hemos dejado atrás siempre
los dos unidos.
Así vamos a seguir hasta el final del camino.
Te he querido toda la vida y queriéndote sigo,
cien vidas que viviera, quisiera vivirlas contigo.

Esto sí que es una verdadera historia de amor, aprendamos la
lección.

Versos a Villanueva de la Concepción

Hoy celebra su día Villanueva de la Concepción
y con los primeros albores del día, engalanada ella se levantó.

Villanueva de la Concepción, que situada está
entre campiñas, montes y olivos a los pies del Torcal.

El sol dorado se levanta temprano, para dar su resplandor
y contemplar la belleza de Villanueva de la Concepción.

Una peineta tiene a la cabeza Villanueva de la Concepción,
es la sierra que reluce cuando le dan los rayos del sol.

Es un privilegio vivir en este maravilloso lugar,
entre el color plata de la Sierra, el amarillo oro del trigo y el
verde del olivar.

Por la mañana cuando corre el relente,
con el aroma del azahar y rodeado de buena gente.

Cuando cae la noche y se duerme Villanueva,
para iluminar sus sueños se cuaja el cielo de estrellas;
la luna que está en cuarto creciente,
por un "laito" se asoma, porque de dormir también quiere verte.

A mí de orgullo me llena,
de escribirle estos versos Villanueva,
y con el eco de mis melodías desearle un feliz día.

Versos de amor

Como un volcán de fuego
que arde y no se apaga,
así es tu amor y el mío,
que siempre está en llamas.

Me iluminas las noches oscuras,
lo que no es capaz iluminar ni el sol, ni la luna.
¡Mira si es grande mi fortuna!

Quisiera detener el tiempo,
quisiera parar el reloj;
para que no pasaran las horas
cuando estamos juntos los dos.

Hizo en el mar del amor
mi corazón varios rumbos
y cuando menos lo esperaba,
a encontrarse fue con el tuyo.

Es tanto lo que te quiero
que es imposible que te lo diga,
para podértelo decir
tendría que vivir dos vidas.

Estás en mis sueños,
estás en mi despertar,
quiero rozar tu piel
como la arena roza al mar.

Si supiera cantar yo te dedicaría
el estribillo de una canción,
pero como no sé,
te dedico mis
versos que salen de mi corazón.

Es niño tu boca
la flor de azahar,
y yo soy la abeja
que el néctar viene a buscar.

Desde el momento en que te vi
con tu bello semblante,
en ese mismo momento
tú a mí me cautivaste.

El viento mueve a la mar,
la mar roza a las rocas
y yo me muero
porque me roce tu boca.

Caminando por la vida
me encontré con tu querer,
para hacer el camino más a gusto
hasta el final seguiré con él.

Por las noches pienso en ti,
en ti pienso a todas horas
y mientras yo viva...
¡Vivirás en mi memoria!

En la orilla del mar
te bañabas una tarde,
envidia tuve de las olas
que venían a besarte.

Nunca olvidaré
ni el día, ni el mes,
de aquel beso que me diste
por primera vez.

Antes de verte imposible,
creía en enamorarme
y lo que veo imposible ahora
es el poder olvidarte.

Son tus besos niños,
dulces como el caramelo,
y yo que soy tan golosa
por tus besos me muero.

Estoy loca por ti,
quiero recobrar la cordura,
pero voy a tener que seguir así,
porque este mal no tiene cura.

Lo que yo por ti siento
lo está diciendo mi cara,
porque en ella se refleja:
los sentimientos de mi alma.

Es niño tu fuente
donde calmo mi sed,
no me niegues nunca
el agüita de beber.

El día que te vi,
saltaron chispas en mi alma
y para siempre en mí
esa mirada quedó clavada.

Negro azabache,
son los cliso de tu cara,
manojillo de alfileres
son tus pestañas;
que en el fondo de mi alma
a mí se me clavan.

El primer amor del alma
y el cariño de una madre,
son dos cosas en la vida
que jamás pueden olvidarse.

Te juré amor eterno
y con el alma te quiero yo,

porque el corazón se muere
pero el alma no.

Te cruzaste en mi camino
y desde el momento en que te vi,
le di gracias al destino,
porque desde ese momento
me enamoré de ti.

El día que nos encontramos tú y yo,
me miraste, te miré,
y esa mirada se me clavó,
en lo más profundo de mi corazón.

Si no te tengo a mi lado
no luce el sol,
es como un día nublado
si no te tengo yo.

Si amar es delito,
que nos encierren a los dos
y cumpliré mi condena
en la cárcel de tu amor.

Anoche miraba al cielo
y contemplaba las estrellas,
y por mucho que las mirara,
ninguna era como tú de bella.

Es tanto lo que te quiero,
que hasta del aire
tengo celos,
porque roza tu piel
y te acaricia el pelo.

Tus labios son de azúcar,
los míos son de fuego,
por eso cuando te beso,
se convierten en caramelo.

Niño tienes flechas,
flechas en tu mirada,
que cuando me miras,
en mi corazón se clavan.

Como abre el sol con sus rayos,
al mismo tiempo dos flores,
el amor en el mismo día,
abrió nuestros dos corazones.

Anoche soñé contigo,
en lo mejor del sueño me desperté,
quiero seguir durmiendo,
para soñar contigo otra vez.

El aire me trajo aromas
y con ella venia un "quejío",
diciendo que no hay amor más grande,
que el tuyo y el mío.

Villanueva de la Concepción

Hoy otro aniversario; Villanueva celebra con aires de grandeza.
Yo quiero homenajearla resaltando su belleza.
Villanueva, puedes presumir de tus casas encaladas;
de tu preciosa iglesia, de tus barriadas,
de tus calles anchas, de tus plazas,
la de Andalucía, la de García Caparrós, la de Santa María y
la de Gregorio el Panza.
De todos esos rincones predilectos de los que dispones,
para mí todos ellos son dones.
Presume de tu sierra, de tus montes; de tus fuentes,
de tus campos, de tus arroyos, de tus puentes:
el del paraíso, horcajo, garrayo, por ellos fluye el agua clara trans-
parente.
Presume también de tu buena gente,
de tus mayores, que pese a los desafíos que la vida les ha querido
mandar,
ahí están venciéndolos con la fuerza de un huracán.
También somos grandes luchadores los de mediana edad,
los más pequeños y la juventud también van a ser grandes lu-
chadores y valientes,
porque se están criando en este buen ambiente.
Estoy hablando de este maravilloso lugar,
como es Villanueva de la Concepción, situada a los pies del Torcal.
También es conocido como el pueblecillo,
donde se respira aire puro que huele a jara, a romero a tomillo,
a muchas fragancias más, al son del cante de los pajarillos.

Va con cariño estas cuatro letras,
de esta humilde poeta,
¡brindemos todos en este día de fiesta!

Virgen del Carmen

Esperando con mucha ilusión
reunirnos de nuevo, virgen del Carmen en tu honor.
Aquí estamos de nuevo, un año más,
celebrando tú día, Pastora celestial.

Hoy se va a abrir la cancela
y vas a estar con nosotros aquí en esta era.
Virgen del Carmen, patrona de Monterroso, qué orgullosa está
hoy tu gente,
de tenerte frente a frente.
Pidiéndote que sean muchos años más, los que podamos verte.

Virgen del Carmen, tan chiquita y tan bonita,
que cuando te tengo delante el corazón más rápido me palpita,
con tu niño en los brazos, milagro de amor, virgen bendita.

Tú, madre, que reinas en los cielos,
que en los momentos más amargos en ti buscamos consuelo;
ten piedad de nosotros y danos salud lo primero,
líbranos del mal e ilumina nuestros senderos.

Por los enfermos, por los más necesitados, por todos nosotros
te rogamos,
cúbrenos con tu manto y extiéndenos tu mano.

Vuelves arrepentido

Ahora vienes arrepentido, diciendo que quieres volver,
jugaste con dos barajas a la vez,
y el amor no es cosa de tres.

Decías que no sabías lo que te había pasado,
pero que te habías enamorado.
Conmigo andabas por el camino empinado,
con ella ibas por lo llano,
para ella la rosas finas, para mí las de espinas, hasta que cada uno
tiró por su lado.

Ahora vienes arrepentido, queriendo volver,
ya es tarde, no hay nada que hacer.
Perdóname, me dejé llevar por mi ceguera,
pero fue agua pasajera.

Nunca pensaste en el dolor que me causó,
te quise con el alma, me dolió más tu ida, que tú traición;
pero ya es tarde, ya te saqué de mí corazón.

Perdóname, este desengaño
me ha hecho mucho daño.
Suplicar de nada te va a valer,
quiero de nuevo volver;
tener tu cariño y tu querer.

Ya se apagó toda la leña de la chimenea,
ya rescoldo no "quea",
búscate otro nuevo amor
y sigue volando de flor en flor.

poemas cortos

Amor en sueños

Noche sigilosa.
Iluminado está el cielo por un manto de estrellas que iluminan mis sueños;
estoy soñando con algo maravilloso:
una imagen pletórica, son los cliso de tu cara lo que destella,
esa imagen me tiene cautivada. La luna callada entra por mi ventana para que pueda ver tú cara, no quiero que llegue la aurora; no quiero que llegue el albor, no quiero que amanezca, quiero que se detengan las manecillas del reloj; no me quiero despertar, quiero seguir durmiendo y seguir disfrutando de este amor en sueños.

Deseo en estas fechas

En estas fechas deseo que toda mi familia, todos mis amigos, todos mis seguidores y todos mis lectores, reciban estos regalos especiales:

Felicidad y serenidad con cada amanecer, éxito en cada proyecto, sinceridad de amigos que os quieran. Un amor que sea eterno, recuerdos entrañables de momentos del ayer,

un presente esplendoroso repleto de bienestar, un sendero que conduzca a un hermoso mañana, deseos que se conviertan en realidad, prosperidad en el futuro y el reconocimiento de todas las cosas maravillosas que hay en vosotros.

Dile, luna

Luna, dile si tú lo ves,
que aunque él se muera por otra, yo me estoy muriendo por él.

Hay que ver cómo son las cosas,
yo me muero por él y él se muere por otra.

Lunita dile también,
que estoy enferma de amor y mi mal no tiene cura si no tengo
su querer.

Quiero que también le digas, luna,
que como yo lo estoy queriendo, no lo va a querer ninguna.

Dime qué puedo hacer, dímelo tú, luna,
que estoy loca por él y si no tengo su querer no puedo recobrar
la cordura.

El año va a culminar

Este año está a punto de culminar,
ardua tarea, que hemos dejado atrás.
El entrante a ver qué nos va a deparar;
lo que nos depare, con osadía lo tenemos que afrontar.
Y si un día se presenta nublado, después el sol vuelve a brillar.
Si otro día está lloviendo, abre tú paraguas y aguanta el chaparrón.
Si una noche está muy oscura,
sabes que luego saldrá la luna,
y si vienen rachas fuertes de viento,
que vengan cargadas de salud, trabajo y de buenos momentos.

El encanto de la puesta de sol

Un atardecer de verano sentada en mi balcón,
vi como el sol se inclinaba en el horizonte, dando su último
resplandor.

El azul celeste del cielo,
se va convirtiendo en amarillo; naranja, rojo fuego.
Entre negras nubes, nubes de negro terciopelo.

El sol se marcha a descansar, la luna coge el relevo,
nos enciende la noche hasta que con la aurora el sol salga de
nuevo.

El final del verano

El sol cada vez calienta menos,
ya empieza a refrescar.
Los pajarillos buscan cobijo,
donde poderse resguardar.

Ya los días son más cortos,
las noches se alargan más;
ya vienen las nubes y las primeras lluvias,
el verano ya se va.

El verano nos dirá adiós,
y llegará una nueva estación.

El jinete

Esta mañana temprano,
el jinete se ha engalanado,
cabalgando con su yegua va entre montes y llanos;
entre cañadas y arroyuelos,
almendros, olivos y el crujir de las hojas secas que hay en el suelo.
Al oír los pasos de la yegua, una perdiz levantó el vuelo,
para él no hay nada más placentero,
que seguir cabalgando por esos senderos.

El mismo tren

Iba sentada medio dormida, cuando alcé la mirada, me quedé perpleja al verlo entrar. Una imagen pletórica: esbelto, rubio dorado, como la espiga del trigo, los ojos azules como el mar...
Se sentó a mi lado, apenas sin cruzar palabras, tan solo una mirada que en mi corazón quedó sellada. Hasta luego, dijo, y vi que entre la gente se perdía.
El trayecto fue grato con su presencia y a la vez, tan efímero...
Cada día surgen nuevas ilusiones, a ver si vuelvo a verle de nuevo, a ver si mañana puede ser que cojamos de nuevo el mismo tren.

Empezar el día

Vamos a empezar el día, vamos a empezar a caminar;
caminemos siempre hacia delante, sin mirar hacia atrás.
Al igual que las aguas río abajo siguen su caudal,
siempre hacia delante sin volver hacia atrás.
Así se pasan los días y tampoco vuelven más.
Hagamos una reflexión de este pequeño poema escrito con humildad.

En lo alto de su yegua

Con su traje de corto, en lo alto de su yegua; muy pincho y con
mucho salero,
este es mi niño, el mejor caballista del mundo entero. Va a su
libre albedrío,
presumiendo, porque puede, porque tiene arte y porque tiene
poderío.
Ahí está el tío, luciéndose en la feria,
con su traje de corto, montado en su yegua.

Imagen pletórica

Noche sigilosa.
Iluminado está el cielo por un manto de estrellas;
iluminan mis sueños, estoy soñando con algo maravilloso, una
imagen pletórica: son los cliso de tu cara lo que destella.
Esa imagen me tiene embrujada, yo quiero seguir durmiendo,
no quiero despertar de este sueño.

La imaginación va más allá de la vista

Sentada en el metro sin ver nada del exterior, todo era oscuridad y pensé: ¿por qué no crear una ventana imaginaria?, e imaginar que ves, un sol radiante, que se refleja en un bello jardín poblado de rosales y clavellinas, todo florecido, lindo y lleno de color, con un olor que trasmina.

Unas mariposas revoloteando, de flor en flor, agitando sus alas mostrando su lindo colorido.

Un inmenso árbol, en una de sus ramas, un nido con cinco pajarillos abriendo el pico; esperando que su madre les traiga comida.

Son tantas cosas bellas las que pueden verse desde esa ventana...

La belleza no está en el paisaje, está en quien la mira.

La tierra ansiaba

La tierra ansiaba que las nubes la regaran,
cada surco de la tierra estaba sediento
y por fin llegó este momento.
Germinará cada semilla y pronto los prados de verde se poblarán
en agradecimiento.
Las raíces de los árboles calmarán su sed, ya no estarán sedientas.
Por cada hoja resbalan las gotas de agua, también ellas están
contentas.
Qué llueva, qué llueva, que siga lloviendo,
que son como gotas de oro lo que a la tierra le está cayendo.

Las fotos de las nubes

El cielo está cubierto de nubes de algodón,
entre gris perla y gris marengo, ese es su color.

Se van apartando entre ellas para que pasen unos rayitos de sol
y para que un cachito del azul cielo luzca su color.

De fondo, se oye un coro de pajarillos, que con su trinar le po-
nen melodía a este precioso día en Villanueva de la Concepción.

Noche de estrellas

Un cielo claro cuajado de estrellas,
nubes blancas de algodón se mueven entre ellas.

Cantan los grillos,
canta el mochuelo y muchos más pajarillos.

Corre el relente,
siento la suave brisa;
en la noche clara
sombras de árboles se divisan.

Las nubes se están marchando,
cada vez se ven más estrellas,
y yo sigo aquí contemplando,
el cielo en esta noche tan bella.

Por la rendija

Con los primeros albores de la mañana
la claridad se colaba por la rendija de mi ventana.
Al desplegar mis pestañas, vi que estaba amaneciendo,
entendí que un mensaje estaba recibiendo,
el cual decía:
"disfruta de las grandes cosas que te ofrece el nuevo día".

Raso como una carta

Esta mañana está el cielo raso como una carta.
Me pregunto yo: "¿La juventud de ahora sabe escribir una carta?"
Creo que no, ya no se escriben cartas,
ahora ya solo se habla por WhatsApp;
ahora es el correo electrónico, ya no se usa el correo tradicional.
Antes se escribían cartas a los mozuelos y a las mozuelas
y quedaban para verse sentados en la plazuela.

Hoy he visto el cielo, raso como una carta, y esta ha sido mi inspiración.
Con lo bonito que era estar pendiente al correo y recibir una cartita de amor,
qué pena que se haya perdido esa tradición.

"Veratoño"

"Veratoño", no termina de irse el verano, ni termina de entrar
el otoño.

A los árboles las hojas no se les terminan de caer,
no quiere hacer frío, no quiere llover.

Por las noches y por las mañanas refresca, calor hace de día;
ese es el tiempo que se está viviendo ahora en Andalucía.

"Veratoño", Verano durante el día, por la mañana, y por la noche
Otoño.

para los más
pequeños

Dindong

De chica me hacía mi padre
un muñeco de cartón;
le pintaba una camisa de cuadros
y un pantalón marrón,
unas botas con cordones,
una bufanda gris
y los calcetines de corazones;
unos ojos grandotes,
una sonrisa en los labios, como yo,
me pasaba horas jugando con mi muñeco de cartón,
que de nombre le puse Dindong.

El pajarillo anidando

En un árbol florecido,
un pajarillo está haciendo el nido
entre unas ramas escondido;
para de los depredadores tenerlo protegido,
está incubando los huevos
y en unos trece días saldrán los polluelos.

En cada estación del año

En marzo llega la primavera, los árboles se empiezan a vestir,
ya están floreciendo todas las flores de mi jardín;
ya han vuelto las golondrinas para anidar aquí.

En junio llega el verano, aprieta mucho el calor,
yo quiero ir a la playa, para darme un chapuzón.
Me llevo la sombrilla, para protegerme del sol.

En septiembre llega el otoño, ya empieza a refrescar,
los días son más cortos, las noches se alargan más.
Llegan las primeras lluvias, la hierba empieza a verdeguear
y los árboles se empiezan a desnudar.

En diciembre llega el invierno, llueve y hace mucho frío.
Desde mi ventana veo nevar, con el brasero encendido.
Los niños se entretienen
haciendo muñecos de nieve,
le han puesto una bufanda gris,
dos canicas son los ojos y una zanahoria la nariz.

Hay que labrar la tierra

Hay que labrar la tierra,
plantar las semillas y regarlas para que crezcan.

Vamos a labrar la tierra, vamos a plantar un huerto;
vamos a sembrar tomates, lechugas, zanahorias y pimientos,
patatas, garbanzos y trigo también vamos a sembrar.
Del trigo sale la harina, de la harina sale el pan,
de las aceitunas sale el aceite, el aceite para mojar.
Quiero decir con esto,
que del campo salen los alimentos,
por eso hay que labrar la tierra, que es la que nos da de comer,
de ella se alimentan los animales y nosotros también.

Las frutas

Almendras nos da el almendro, chumbos nos da las chumberas,
melocotón el melocotonero, el ciruelo nos da ciruelas.
El cerezo nos da cerezas, la higuera nos da brevas,
manzanas nos da el manzano, el peral nos da peras.
Naranjas nos da el naranjo, plátanos la platanera,
hay que comer mucha fruta, porque la fruta es muy buena.

Poesías para los niños

Hoy el gallinero alborotado está,
los pollos están roncos de tanto piar,
el gallo no ha parado de cantar,
las gallinas: cacaracá, cacaracá.
Han puesto dos huevos, voy a hacerme una tortilla para cenar.

Un gusano de seda trepaba por una hoja,
un pajarito fue a comérselo y se convirtió en una preciosa mariposa.
Cuando crees que todo está perdido pueden cambiar las cosas.

Una rana río abajo va croando,
un sapo la mira y la mira, de ella se está enamorando,
en lo alto de una rama van los dos de la mano flotando.

La cigarra canta y canta mientras trabaja la hormiga;
se levanta muy temprano para tener asegurada su comida,
la cigarra no ha guardado nada y se encuentra perdida.

La vaca me da leche, la oveja me da lana,
con ella me hago una bufanda para abrigarme por la mañana.

Una liebre burlona le dijo a una tortuga de echar una carrera,
la liebre confiada se echó a dormir y llegó la tortuga la primera.

Me desperté al alba,
vi a un gorrión saltando de rama en rama
de un almendro florecido,
por cada una de sus hojas resbalan unas gotas de rocío.

Una abeja va cogiendo el néctar de flor en flor
y una mariposa agitando sus alas mostrando su color.

Por una alfombra verde está cubierta la pradera
y el ganado pastando por la ladera.

Una paloma lleva en el pico un tallito de olivo,
en los campos ya está espigando el trigo,
del trigo sale el pan y las aceituna del olivo.

Un caracol va caminando,
camina sin ninguna pata
y por donde quiera que pasa
va dejando un hilito de plata.

Un grillo está cantando
en una noche oscura,
y una luciérnaga le alumbra
porque no ha salido la luna.

Salió el arcoíris

Hay nubes en el cielo, que quieren descargar,
saca tu paraguas si no te quieres mojar.
Ponte las botas de agua para en los charcos saltar,
ya está saliendo el arcoíris, ya va a escampar,
ya está el sol saliendo de nuevo para los charcos secar.

Ya es la hora de dormir, a lavarse los dientes e irse a la cama,
para estar descansados por la mañana.
Cuando suene el despertador,
de la cama tengo que dar un salto yo;
desayunar, recoger la habitación
e irme al cole para aprender la lección.

Tintón

Tintón era un ratoncito,
Tintón era un ratón,
Tintón por curioso a un barril de vino un día se cayó.
Le pidió auxilio a un gato, que por allí pasó.
Yo te saco de ahí pero te tengo que comer, Tintón.
Acepto tu propuesta, pero deja que me seque un poco al sol,
he tragado mucho vino y estoy borracho, expresó.
En un descuido Tintón del gato por un boquetillo que había se
escapó,
el gato gritaba sal de ahí Tintón,
cumple tu promesa mamarracho,
el ratoncito le dijo, anda ya hombre, ¿te vas a hacer caso de un
borracho...?

Triquitraque y Zurita

Una gallina muy presumida es doña Pita,
siempre está presumiendo esa gallinita.
El gallo es don Pitón,
un gran caballero
con capa dorada y negro sombrero.
Doña Nicolasa,
es una patosa gansa,
que la atropellan en el revuelo
que forma en el gallinero.
Pío Pío y Pimpón
hijos son los dos
de doña Pita y de don Pitón

Patrás era un pato que iba: cua, cua, cua,
daba un paso para adelante
y dos hacia atrás,
por eso le llamaban Patrás.

También está Zurita,
que es una paloma que allí habita.
Ella a su bola va,
revoloteando de aquí para allá
y cuando le parece vuelve al palomar.

Pasó por allí
un conejito saltarín
que su nombre era Tintín.
Tintín es muy juguetón,
un poco traviesillo
y le gusta retozar
como a un cervatillo.
Pasó también un chivito:
"Hola, me llamo Biri y vengo a jugar un ratito",
y se pusieron todos a jugar,
a eso que asomó una zorra queriéndolos devorar.
Todos muertos de miedo, "socorro, socorro", ¿quién nos puede
ayudar?,
la zorra se relamía, ¡qué rico manjar!

Zurita desplegó las alas y fue volando en busca de Triquitraque,
que era un perro gigante,
con unos colmillos como los de un elefante.

¿Qué pasa aquí?
¡Voy a ser yo quien te va a devorar a ti!
¡No!, ¡no! Don Triquitraque, me marcharé
y jamás volveré,
te lo prometo.
Se fue y todos siguieron jugando felices y contentos.

Gracias a Zurita y a Triquitraque,
pudieron salvarse.

Sinopsis

Tras el éxito de mi primer libro: *Un reflejo de la Vida,* y el deseo de mis lectores de un segundo libro, ya lo tenemos aquí, vuelvo de nuevo con *Historias que te harán sentir.* Un libro de poemas, pero por sus rimas, seguimos en la línea del anterior, lleno de realismo, historias reales cargadas de sentimientos. En él plasmo lo que pasa en la vida cotidiana, cosas que pasan a nuestro alrededor, cualquier persona se puede ver reflejada en lo que yo escribo o sentirse identificada en cualquiera de las historias, espero que sea leído y llegue a vuestros corazones, porque ese es realmente mi objetivo.

No uso un vocabulario difícil, sino un vocabulario sencillo y llano, "autodidacta", por lo cual mis poemas pueden ser entendidos por todos los lectores incluso por los más pequeños, que también hay un espacio para ellos: "poesías para niños".

En este libro he ido escribiendo todo lo que me ha acontecido durante estos últimos años, lo que se me ha ido ocurriendo. Cuando la inspiración se presenta lo escribo en mi libreta. Le he escrito a las enfermedades, a mis pueblos, a Málaga, a los hijos, a la mujer, historias de amor, de desamor, a los donantes, a los ancianos, a la vida de antes, y otros temas. No voy a decir que sea un libro de alegrías, ni tampoco de tristezas, es un poco de todo, hay risas y hay penas, hay historias, hay anécdotas, no tiene un tema fijo. Su título lo dice, *Historias que te harán sentir,* un espejo en el que he reflejado la vida misma a través de rimas. Para mí ha sido un diario en el que he ido reflejando todo lo que me ha llamado la atención y espero que también llame la vuestra.

Como cada poeta, supongo, me meto en las historias de mi poesía, he sufrido con lo que he escrito, he llorado, he reído, he entrado tanto en la historia que a veces no sabía si estaba escribiendo o viviéndola realmente. He pasado muchas noches en vela matizando detalles en mis poemas pues soy muy meticulosa y a veces los he revisado y revisado hasta que me he dado por satisfecha y quizás a pesar de todo mi esfuerzo esto no sea del todo bonito o no termine de llamar la atención del lector, pero estos poemas son hechos con el corazón, es mi manera más sincera de contarles lo que ven mis ojos de esta vida.

Esto será solo un comienzo pues seguiré escribiendo y espero publicar muchos más libros.